SONIA BENYAHIA

Coach certifiée,
fondatrice de *I quit, thanks*

Je démissionne, bisous

CONSTRUISEZ LA VIE PROFESSIONNELLE
QUI VOUS RESSEMBLE
GRÂCE À 101 DÉMISSIONNAIRES
HEUREUX

Améthyste
Éditions

Crédits

Suivi éditorial : Sandrine Pennard, Éloïse Rusch
Couverture : Emmà Landi
Création graphique et mise en page : Emmà Landi
Relecture et correction : Walter Sistelli
Crédits illustrations (Adobe Stock) ~ *Couverture* : Flash concept, val_iva (oiseaux) ~ *Pages intérieures : illustrations récurrentes* : Flash concept (nuages, végétaux, forme vert clair) ; val_iva (oiseaux) ; Viktoria Kurpas (personnages rubrique « Parole aux invités ») ; PCH.Vector (rubrique « Fiches ») ~ p. 28 : Creative Juice ; p. 29 : anatolir ; p. 30 et 161 : christakhova (femme avec ordinateur), iukhym_vova (soleil) : p. 31 et 283 : Nuthawut (homme) ; p. 31 et p. 263 : OlyaOk (femme) ; p. 35 : lembergvector ; p. 37-38 : PrettyVectors ; p. 43 : Rudzhan ; p. 61 : елена калиничева ; p. 79 : ina9 ; p. 99 : WinWin ; 122-123 et 242 : Hanna Syvak ; p. 129 : treety ; p. 191 : Alwie99d ; p. 256-257 : MicroOne (personnages), Viktoria Kurpas (ampoules et engrenage) ; p. 337 : simplehappyart ; p. 342 : Good Studio ; p. 347 : Flash concept ; p. 355 : Maria Petrish ; 363 : Rudzhan ; p. 375-377 : Viktoria Kurpas

ISBN : 978-2-38064-034-2
Dépôt légal : avril 2024

Éditions Améthyste
Une marque du groupe éditorial Piktos.
355, rue de la Montagne-Noire – 31750 Escalquens
contact@piktos.fr
editions-amethyste.com

Retrouvez-nous sur les réseaux sociaux
Facebook @AmethysteEditions
Instagram @amethyste.editions

*À mes parents, Nasreddine
et Soumeya, pour leurs choix
si courageux, et grâce auxquels
j'ai la chance de me poser toutes
les questions que je me pose.*

*À mes sœurs, Mouna et Houda,
mes idoles depuis ma plus
tendre enfance.*

Sommaire

PRÉFACE 13
AVANT-PROPOS 17
INTRODUCTION 21
1 LIVRE, 101 HISTOIRES 25
Qui sont-ils ? 28
Leurs domaines d'études 28
Leur vie d'avant 29
Les secteurs qu'ils ont quittés 29
Ils ont démissionné parce qu'ils... 29
Leur nouvelle vie 30
Leurs secteurs de reconversion 30
Ce qu'ils préfèrent aujourd'hui 30
Et entre les deux ? 31
Ce qu'ils ont fait pour sauter le pas 31
Comment ils ont trouvé leur(s) voie(s) 31
STRUCTURE 32

PARTIE 1

NE SERAIT-IL PAS TEMPS QUE JE PARTE ?

37

CHAPITRE 1 • LE MANQUE DE SENS **43**

#1. En suis-je victime ? 44

Je ne partage pas les valeurs de mon entreprise 44
Je dois me fondre dans un moule 48
Mon travail finit souvent dans le vide 51
Je déteste être derrière un écran toute la journée 54

#2. Qu'est-ce que je risque ? 56

Pour conclure... 59

CHAPITRE 2 • LA SURCHARGE **61**

#1. En suis-je victime ? 62

Mes objectifs sont inatteignables, ou on m'en demande toujours plus 62
Je ne suis pas assez formé pour faire ce qu'on me demande 65
Mon travail déborde sur ma vie personnelle 67
Depuis que je suis manager, je sombre 70

#2. Qu'est-ce que je risque ? 72

Pour conclure... 77

CHAPITRE 3 • L'ENNUI **79**

#1. En suis-je victime ? 80

Mon métier ne m'intéresse pas 80
Je n'exploite pas toutes mes compétences, et/ou mes tâches sont monotones 83
Mes collègues et/ou clients ne m'intéressent pas 87
Je ne suis pas libre de créer 90

#2. Qu'est-ce que je risque ? 93
Pour conclure... 97

CHAPITRE 4 • LES COLLÈGUES TOXIQUES 99
#1. En suis-je victime ? 100
Je suis fréquemment victime ou témoin de comportements odieux 100
Mon travail n'est pas reconnu à sa juste valeur 103
Je croule sous le poids de la hiérarchie, et/ou je subis du micro-management 106
J'évolue dans une atmosphère démesurément compétitive 110
#2. Qu'est-ce que je risque ? 113
Pour conclure... 117
Fiche #1. Ne serait-il pas temps que je parte ? 118

PARTIE 2
JE DOIS PARTIR, MAIS POUR FAIRE QUOI ?
123

CHAPITRE 1 • L'ENTREPRENEURIAT 129
#1. Devrais-je l'envisager ? 130
J'ai toujours rêvé de ne pas avoir de chef 130
Je n'aurais jamais pensé entreprendre, mais j'ai changé 133
J'ai reçu la proposition de rejoindre un projet entrepreneurial 136
#2. Qu'ai-je à y gagner ? 138
Je serai (un peu plus) libre 138
Je serai un couteau suisse 141
Je pourrai créer 144

#3. Ma vie sera-t-elle toute rose ? 147
Peut-être que je serai à sec, au début 147
Peut-être que je travaillerai trop, et/ou que je souffrirai de la solitude 149
Peut-être que je ne serai pas complètement libre 152
Pour conclure... 154
Fiche #2. Devrais-je envisager d'entreprendre ? 156

CHAPITRE 2 • LA RECONVERSION 161
#1. Devrais-je l'envisager ? 162
J'ai choisi les mauvaises études, car j'ai écouté mon entourage, et/ou j'ai voulu mimer son parcours 162
J'ai choisi les mauvaises études, car j'étais bon élève et/ou je n'ai voulu me fermer aucune porte 166
J'ai choisi les bonnes études, mais j'ai changé 169
#2. Qu'ai-je à y gagner ? 170
Je ressentirai une immense fierté 170
Je serai heureux (ou heureuse) 172
Je rendrai les autres heureux 175
#3. Ma vie sera-t-elle toute rose ? 178
Peut-être que je douterai, parfois 178
Peut-être que je n'aurai pas un job de rêve 181
Pour conclure... 184
Fiche #3. Devrais-je envisager de me reconvertir ? 186

CHAPITRE 3 • CHERCHER SA VOIE 191
#1. Comment m'y prendre ? 192
J'ai une passion depuis toujours 192
Je me découvre une nouvelle passion 196
Je me replonge dans mes expériences – pros comme persos 199
Je pars d'un besoin (personnel, ou que j'ai constaté chez les autres) 203
Je fais confiance à mon intuition 210
Je saisis toutes les opportunités qui se présentent (vraiment toutes) 214

#2. Ma voie... ou mes voies ? 216

Je choisis de ne pas choisir 216

#3. Me tromper, apprendre, et recommencer 221

Si je me (re)trompe de voie, je ne mourrai pas dans d'atroces souffrances 221

Pour conclure... 227

Fiche #4.1. Comment chercher ma ou mes voies ? 232

Fiche #4.2. Comment chercher ma ou mes voies ? 238

Halte-là ! J'en suis où ? 243

Fiche #5. À quoi pourrait ressembler mon projet entrepreneurial ? 244

Fiche #6. Quelles compétences dois-je acquérir pour me reconvertir ? 250

PARTIE 3

JE SAIS CE QUE JE VEUX FAIRE. COMMENT PARTIR ?

257

CHAPITRE 1 • CONTOURNER LE FREIN FINANCIER **263**

#1. Comment faire, si je veux me reconvertir et/ou entreprendre ? 264

Si je veux me reconvertir, je me forme sur mon temps libre 264

Si je veux entreprendre, je lance mon *side project* 267

#2. Comment faire, si je veux « seulement » changer de boîte ? 270

Je la cherche, cette nouvelle boîte, tout simplement 270

Je me forme sur mon temps libre et/ou je lance mon *side project* (oui, oui, même alors que je ne veux ni me reconvertir ni entreprendre) ..272

Pour conclure... 277

Fiche #7. Pourrais-je vivre avec moins d'argent ? 278

CHAPITRE 2 • FAIRE TAIRE LES CROYANCES LIMITANTES 283

#1. Par où commencer ? 284

Je fais mon introspection en autonomie 284
Je fais mon introspection avec l'aide d'un pro 288

#2. Quelles croyances dois-je bannir à tout prix ? 291

Je ne peux pas gagner moins d'argent 291
Il est trop tôt/tard pour me reconvertir et/ou entreprendre 295
Si je me reconvertis, j'aurai fait toutes ces études pour rien 299
Je n'y arriverai jamais 303
Si j'échoue, je vais regretter 307
Je peux être heureux (et heureuse !), même si je déteste mon job 310

#3. Que puis-je écouter à la place ? 313

J'écoute mon intuition 313
J'écoute mon corps 318

Pour conclure... 322

Fiche #8.1. Comment faire taire mes croyances ? 324

Fiche #8.2. Comment faire taire mes croyances ? 330

CONCLUSION 337

PARTIE BONUS

INSPIRATIONS

343

CHAPITRE 1 • JOBS À IMPACT 347
CHAPITRE 2 • TRAVAILLER AVEC ET POUR LES FEMMES 355
CHAPITRE 3 • CARNETS DE VOYAGE 363

BIBLIOGRAPHIE 374
REMERCIEMENTS 375

Préface

JE CONNAIS MON AMIE SONIA DEPUIS L'ENFANCE. Nos récits familiaux, la ville où nous avons grandi, nos références culturelles, ou encore les histoires que nous avons inventées au fil des années (pensée émue pour cette nouvelle jamais publiée et ce film jamais monté) nous lient de manière profonde. Je suis donc très fière et honorée d'écrire ces quelques mots pour introduire ce livre que Sonia a écrit et que vous vous apprêtez à lire.

Si vous l'avez entre vos mains, c'est peut-être que vous êtes à un moment de votre parcours – professionnel et/ou personnel – où vous vous posez cette vaste et vertigineuse question : « que vais-je faire de ma vie ? »

Si tel est le cas, j'aimerais vous dire que vous avez de la chance. De la chance, car, si cette question vous paraît effectivement vaste et vertigineuse, c'est que vous avez le choix ; plus précisément, vous avez la *liberté* de choisir, ce qui est suffisamment précieux pour être remarqué. C'est cette liberté que nous ont offerte nos parents respectifs, à Sonia et à moi, et je crois qu'en avoir conscience a été un moteur important de nos actions. Alors, que faire de cette liberté ? À nouveau, vous êtes là face à une vaste et vertigineuse question et *spoiler* : ce livre n'y répondra pas pour vous... mais il vous y aidera.

Lorsque Sonia et moi avons nous-mêmes dû faire des choix, à des moments différents de nos vies professionnelles respectives, nous sommes allées chercher de l'inspiration en demandant à d'autres de nous raconter leurs parcours ; Sonia à travers le média *I quit, thanks*, et moi à travers le podcast *Génération XX*. Il me semble que nous en sommes arrivées à la même conclusion : il n'y a pas de réponses à attendre, que des questions à se poser.

Quoi ? Tout ça pour ça ?! Rassurez-vous, c'est une très bonne nouvelle : cela signifie que vous allez pouvoir vous-même trouver vos propres réponses. Pour ce qui est des questions, c'est précisément ce que va vous apporter ce livre : grâce au témoignage de Sonia et aux apprentissages qu'elle a tirés de ses nombreuses interviews, qu'elle partage au fil des pages, vous aurez accès aux pistes de réflexion qui vous permettront d'apprendre à mieux vous connaître et à tenter « le coup d'après ».

Avant de vous laisser tourner la page et apprécier la plume aussi aiguisée que drôle de Sonia, un sketch de Jamel Debbouze me vient en tête ; celui où il décrit un conseiller de « désorientation » cynique, ou peut-être lucide, qui lance à un adolescent pourtant plein d'espoir pour son avenir : « Tu n'as aucune chance, alors saisis-la. » Alors, pour conclure, à vous qui avez la liberté de choisir, je vous dis : vous avez de la chance, alors saisissez-la…

Bonne lecture, et surtout bonne route !

— SIHAM JIBRIL
Cofondatrice de l'école
pour adultes Off-campus,
et fondatrice du podcast
Génération XX.

« SO NO ONE TOLD YOU LIFE WAS GONNA BE THIS WAY. YOUR JOB'S A JOKE, YOU'RE BROKE [...]. »

GÉNÉRIQUE DE *FRIENDS*

En français : « Alors, personne ne t'avait prévenu que ce serait ça, ta vie. Ton job est une blague, tu es fauché [...]. »

Avant-propos

SEPTEMBRE 2022, PLATEAU DE L'ÉMISSION TÉLÉVISÉE *28 MINUTES* D'ARTE. Le sujet du jour : « Démissionnaires de tous les pays, unissez-vous ! » La journaliste raconte : « Il y a des comptes sur Instagram, par exemple le compte *I quit thanks*, que l'on pourrait traduire par "Je démissionne, bisous, bon courage à tout le monde !" *(les cinq chroniqueurs rient)*, qui dédramatise la situation avec des témoignages rassurants de démissionnaires heureux. Parce que... ça existe ! » « Ça existe ? », lui répond Élisabeth Quinn, la présentatrice, interloquée. « Mais oui ! » affirme la journaliste. Elle illustre : « Par exemple, cette jeune fille, qui travaillait avant dans l'événementiel, qui vient d'ouvrir son épicerie fine, et qui se félicite de gagner peu mais d'apprendre tous les jours. » Quelques mois plus tard, je repense à la traduction de la journaliste. « Je démissionne, bisous » : un mélange de provocation et de courage, avec une pointe de cynisme. Je souris. Mon manuscrit fraîchement entamé a enfin trouvé son titre !

I quit, thanks. Mon projet autour de la reconversion, créé en octobre 2020, dans une salle de réunion, lors d'un déplacement dans une usine de filtres automobiles au fin fond de l'Alsace, n'était pas destiné à s'appeler ainsi. J'avais pensé à « Quand je serai, quand je serai », mais c'était trop long. Puis à « *I quit, bye* », mais c'était pris. Le nom « *I quit, thanks* », lui, n'avait été choisi par aucun du milliard d'utilisateurs Instagram recensés en octobre 2020. Je postai la première photo, une capture d'écran de la scène d'*Office Space*, un film de 1999, dans laquelle Jennifer Aniston démissionne avec panache. J'ajoutai les sous-titres : « *I hate this job and I don't need it !* » (en français : « Je déteste ce job et je n'en ai pas besoin ! »). Et c'était parti.

Pourquoi mon bras gauche était-il discrètement tendu sous la table, tandis que mon bras droit se dédiait docilement à mon noble rôle de consultante junior, à savoir : appuyer sur la flèche du bas pour dérouler, slide après slide, la présentation PowerPoint projetée aux clients depuis mon ordinateur ? Parce que, ce jour-là, deux choses me sont apparues clairement. La première : je devais quitter ce job, que je détestais depuis mon premier jour. Et la deuxième : pour avoir le courage de démissionner, à l'aube d'un deuxième confinement et d'un nouveau gel des recrutements, et alors que ma période d'essai venait d'être validée, la meilleure – que dis-je, L'UNIQUE – solution était d'échanger avec des « démissionnaires heureux ». Je ne le savais pas encore, mais cette journée marquerait le premier jour du reste de ma vie.

Rien ne prédestinait pourtant la « première de la classe » que j'étais à se prendre d'intérêt pour les parcours de démissionnaires, et encore moins à le devenir elle-même. Après un bac S dans un lycée du 16e, je rejoins l'université Paris-Dauphine en 2013. J'en sors, six ans plus tard, avec un master en management international, en double diplôme avec la Luiss (à Rome), un semestre d'études en Thaïlande, et trois expériences en conseil à mon actif. Parmi elles, une alternance au sein d'un mastodonte international, durant laquelle j'avais mené une *fast life*[1] à faire pâlir de jalousie certains comparses de master. Chaque lundi, je m'envolais pour Barcelone, où j'étais logée dans un quatre-étoiles. Je me rendais dans les bureaux de mon client – un géant de la pharma niché dans une tour avec une vue imprenable sur

1. Comprendre : une vie à mille à l'heure.

la mer – ou aux *events corpos* en taxi, que je réglais en *amex*, avant de les mettre en *expense*[2].

J'avais longtemps rêvé de devenir comme ces *business woman* new-yorkaises qui, perchées sur de hauts talons, dévalaient les rues de Manhattan, de meeting en meeting, téléphone pro dans une main et gobelet Starbucks fumant dans l'autre. Et voilà que, du haut de mes 24 ans, j'avais la même vie qu'elles. Pourtant, à l'heure où j'écris ces lignes, j'ai 28 ans, il est 15 heures, et je suis en pyjama dans la maison de mes parents. *What the hell happened*[3] ?

Pour le moment, résumons les choses ainsi : ma volonté de fer de toujours choisir la voie qui laisse le plus de portes ouvertes, à défaut de me permettre de trouver ces portes et les mondes merveilleux qu'elles dissimulaient, a eu pour conséquence de me faire traverser une décennie entière à me demander quel virage j'avais bien pu louper, tout en me sentant coupable d'être aussi ingrate. Car j'ai beaucoup de chance. À vrai dire, j'en ai tellement que je n'ai jamais vraiment su quoi en faire. Mais aujourd'hui, je sais. Je ne suis pas chanceuse parce que j'ai un CV prétendument « prestigieux », mais parce que j'ai enfin compris que cela n'a aucune importance. Ce sont mes cent invités qui m'ont ouvert les yeux sur l'importance de faire ce que l'on aime vraiment, et sur les dangers de poursuivre des chimères telles que le prestige ou l'argent à outrance. Ils m'ont aidée à gagner de précieuses années.

Ma promesse, avec ce livre, c'est qu'ils vont vous y aider à votre tour.

---

2. Pour les lecteurs qui me lisent et qui ne sont pas très à l'aise avec l'anglais, voici une petite traduction de cette fin de phrase : « [...] ou aux événements d'entreprise en taxi, que je réglais avec une carte de crédit magique qui me permettait, entre autres choses, d'avoir le luxe de dépenser sans compter, car mon entreprise me remboursait tous mes frais avant même que mon compte ne soit débité du moindre centime. »

3 En d'autres termes : « Mais qu'est-ce qui a bien pu se passer ? »

Introduction

« ÊTRE MALHEUREUX AU TRAVAIL, ÇA DÉTRUIT LA SANTÉ. » « Chercher sa voie, c'est long, mais ça vaut le coup. » « Se reconvertir avec un crédit et trois enfants, c'est difficile, mais possible. » « Entreprendre, c'est être un peu plus libre, bien qu'on ait des clients. » « Croyez en vous. » « On n'a qu'une vie. » Bla, bla, bla. Toutes ces phrases, vous les connaissez par cœur. Vous avez dévoré *Bullshit Jobs*[4] de David Graeber, *La Semaine de 4 heures*[5] de Tim Ferris, *Libérez votre créativité*[6] de Julia Cameron et autres articles sur le *big quit*, le *quiet quitting*, et j'en passe. Vous êtes abonné à une dizaine de comptes Instagram sur l'épanouissement au travail. Et, même si vous êtes novice dans le domaine du développement de soi, vous connaissez ces phrases, pour la simple et bonne raison que tout le monde les connaît. Pourtant, vous avez beau détester votre job, votre boss est aussi susceptible de recevoir votre lettre de démission que vous ne l'êtes de recevoir votre ô pourtant combien attendue lettre d'admission à Poudlard. Pourquoi ?

Parce qu'à votre motivation sans faille succède toujours un doux mélange de doute (« Bof, je ne suis pas si mal, ici »), de flemme et, surtout, de peur de vous tromper, de regretter, et de mourir dans d'atroces souffrances. Toute la théorie du monde

4. David Graeber, *Bullshit Jobs*, Les Liens qui libèrent, Paris, 2018.
5. Timothy Ferriss, *La Semaine de 4 heures*, Pearson France, Paris, 2010.
6. Julia Cameron, *Libérez votre créativité*, Dangles, Escalquens, 1992, 2023.

a beau faire son petit effet sur vous, il ne suffit pas de savoir – ou de vouloir, d'ailleurs – pour pouvoir. Si c'était le cas, ça se saurait.

Aujourd'hui, ce dont vous avez besoin, c'est de vérifier que des êtres humains en chair et en os ont mis en œuvre cette théorie et qu'ils sont toujours vivants. Autrement dit, vous voulez des preuves. Des exemples. Des retours d'expériences. Des conseils. Bref, vous voulez du concret. Seulement après pourrez-vous enfin sauter du haut de la falaise..., au sens figuré bien sûr.

Je vous arrête tout de suite : dans cet ouvrage, vous ne découvrirez pas le secret pour démissionner sur un coup de tête sans avoir assuré vos arrières financièrement. Ni pour trouver votre voie en quelques jours. Ni pour effectuer un changement de carrière à 180 degrés en échappant à toute formation. Ni pour trouver une idée de business de génie d'un coup de baguette magique. Ni pour voir la « lumière » pourtant promise par tant de gourous autoproclamés. Ni – et vous m'en voyez navrée – pour faire pousser l'argent sur les arbres.

Vous ne découvrirez pas non plus une compilation de longs témoignages de personnes si différentes de vous que leurs parcours, au mieux, vous laisseront de marbre, au pire vous feront ressentir une culpabilité dont vous avez tout sauf besoin (« Banquier d'affaires à la City, il vend tout ce qu'il a à des associations caritatives, et part sauver les bébés tortues à Bali »), ni de personnes qui vous ressemblent tellement que vous seriez tenté d'opter pour un mimétisme aussi facile que dangereux (« Je suis DRH en manque de contact humain. Or il était DRH en manque de contact humain et est devenu coach. Donc je vais devenir coach. CQFD. »), ni de quiconque d'ailleurs, car ce livre est bien plus qu'une compilation de témoignages.

Mais c'est quoi alors, ce livre ? Eh bien, c'est une synthèse des précieux enseignements que j'ai tirés de deux années d'interviews, toutes illustrées d'extraits triés sur le volet. Aucun principe ne sera avancé qui ne puisse être immédiatement appuyé par plusieurs citations d'invités aux profils et aux parcours différents. Cet ouvrage ne promet donc pas l'exhaustivité, mais, si c'était le cas, vous devriez le fuir au moins aussi vite qu'une entreprise qui vous promet de la cohésion d'équipe en se félicitant d'avoir investi dans un baby-foot. En revanche, il promet d'être très concret – ce qui tombe plutôt bien, car c'est précisément ce dont vous avez besoin.

« Quelles sont les raisons de mon mal-être au travail ? », « Qu'est-ce que je risque à ne rien faire ? », « Devrais-je envisager d'entreprendre et/ou de me reconvertir ? », « Qu'ai-je à y gagner, et ma vie sera-t-elle toute rose ? », « Quelles pourraient être ma ou mes voies ? », « Dois-je forcément ne choisir qu'une seule voie ? », « Si je me retrompe de voie, que se passera-t-il ? », « Comment contourner le frein financier à ma démission ? », « Comment faire taire mes croyances limitantes ? », « Quelles sont les croyances à bannir en priorité ? »... sont certaines des questions auxquelles les pages qui suivent répondent, non pas avec des recettes miracles, mais avec des faits concrets illustrés de retours d'expériences de cent démissionnaires heureux (enfin, cent un, en me comptant). Les paillettes comme l'envers du décor, sans langue de bois et avec une touche d'humour. L'objectif ? Vous faire déculpabiliser, regagner espoir, et surtout prendre conscience de votre chance. Déculpabiliser, parce que vous n'êtes ni le premier ni le seul à vivre ce que vous vivez. Regagner espoir, parce que le champ des possibles, à défaut d'être infini, n'en est pas moins immense. Et prendre conscience de votre chance, parce que vous vous posez des questions plutôt que de laisser votre vie vous filer entre les doigts. Parce que vous vivez dans un pays et à une époque où vous ne pourrez peut-être pas réaliser vos rêves professionnels les plus fous, mais où, malgré tout, vous pouvez – et vous devez – rêver.

Cet ouvrage n'est pas une ode à la reconversion, ni à l'entrepreneuriat, ni même – et cela va vous surprendre – à la démission. C'est une invitation à nous questionner, à nous écouter, à croire en nous, à apprendre, à travailler, à réussir, à échouer, à rebondir, à nous réinventer.

C'est une invitation à être libre.

1 livre, 101 histoires

« **TU LES TROUVES COMMENT, TES INVITÉS ?** » est une question que l'on m'a souvent posée. Ma réponse ? : « Je ne les trouve pas, ce sont eux qui me trouvent. »

Je m'explique : hormis une poignée d'amis, et amis d'amis, les invités sont tous des personnes qui m'ont écrit spontanément, après avoir découvert par hasard ma page Instagram. Autrement dit, ils étaient d'illustres inconnus avant que je ne les « rencontre ». Pourquoi des guillemets ? Parce que mon média est né en pleine crise sanitaire, et que les premières interviews ne pouvaient souvent se faire autrement qu'en visio, sur fond de confinements et autres couvre-feux. Et d'autre part parce que, bien que cette sombre période ait pris fin, les invités ne vivent pas tous à Paris (« Ouf ! », vous dites-vous). Ils vivent aux quatre coins de la France, et du monde : à La Réunion, en Suisse, en Angleterre, au Maroc, au Canada, aux États-Unis, au Mexique, en Argentine, en Thaïlande et à Singapour.

Lorsque j'ai créé *I quit, thanks* j'étais à mille lieues de savoir que j'écrirais un jour un livre en chair et en os (enfin, en encre et en papier). Je n'ai donc pas choisi mes invités avec l'ambition de construire un échantillon représentatif de la population française, européenne, mondiale ou galactique. Heureusement, l'univers fait bien les choses, et hormis le fait d'être tous des démissionnaires heureux, ils sont très différents.

Ce sont des hommes pour la moitié, des femmes pour l'autre moitié. Ils sont dans leur vingtaine, trentaine, quarantaine ou cinquantaine. Ils ont étudié dans des IUT, des IUP, des facultés, des écoles post-bac, des écoles post-prépas… dans des domaines variés. Ils ont travaillé dans des secteurs tout aussi variés. Ils ont beaucoup souffert dans leur travail, ou sont partis parce qu'ils voulaient se réinventer. Ils ont démissionné facilement, ou ont dû se battre pendant des mois, voire des années, face à de multiples croyances limitantes. Ils se sont fait accompagner par un professionnel (pour démissionner et/ou pour trouver leur voie), ou se sont débrouillés tout seuls. Ils se sont formés au sein d'organismes, ou en toute autonomie. Ils sont repartis à zéro, ou se sont reconvertis partiellement ou pas du tout. Ils se sont mis à leur compte, ou sont restés salariés..., etc.

Une phrase de Sven vous permettra de mettre un mot sur votre mal-être ; une phrase d'Aïda, d'y voir plus clair sur ce que pourrait être votre voie ; une phrase de Côme vous dissuadera de vous lancer dans l'entrepreneuriat tout de suite ; une phrase de Rose vous motivera à lancer votre *side project*[7]... Les parcours *I quit, thanks*, ce n'est pas « blanc ou noir ». C'est un arc-en-ciel de mille couleurs qui nous invite à embrasser la nuance, la différence, la diversité, la pluralité. Si ces deux années m'ont prouvé une chose, c'est que les mots de 1 000 personnes qui vous ressemblent en tout point ne vous aideront jamais autant que ceux de 100 personnes différentes de vous et différentes les unes des autres, dont les parcours se maillent pour faire écho en vous d'une manière unique, puissante, irrévocable.

Oh, j'allais oublier : s'ils étaient d'illustres inconnus pour moi, je l'étais également pour eux. Pourtant, c'est *I quit, thanks* qu'ils ont choisi pour rendre leur histoire publique pour la première fois, dans l'immense majorité des cas. À ma demande, ils ne m'ont pas dépeint un tableau idéal de leur nouvelle vie. Sincères et vulnérables, ils m'ont aussi et surtout confié leurs épreuves, leurs échecs, leurs déceptions, leurs doutes, leurs questionnements, leurs regrets, leurs peurs... Nos échanges ont été immensément riches, et c'est précisément de cette richesse que je tire la mine d'or que je vous présente dans ce livre. Sans leur confiance, *I quit, thanks* n'aurait pas pu exister, et cet ouvrage ne serait pas entre vos mains. Ils ont ma reconnaissance éternelle.

7. Un *side project* est un projet (entrepreneurial, créatif ou autre) réalisé en marge de son temps de travail. Pour plus d'informations sur le sujet, voir p. 267.

100 MERCIS À…

Ange, Nina, Ben, Mila, Pedro, Julia, Juan, Vickie, Marc, Tatiana, Chad, Sibyl, Greg, Prune, Pio, Maddie, Marius, Sven, Lola, Max, Laia, Lucas, Flore, Eden, Elvie, Tim, Anick, Ross, Aïda, Mattis, Zoé, Matteo, Tiana, Malo, Tara, Josh, Rosie, Joël, Romy, Jack, Rose, Ezra, Maya, Zach, Mia, Yann, Mae, Théo, Lys, Tom, Joséphine, Lou, Sami, Léa, Sacha, Lily, Oscar, Laura, Noah, Lucie, Maël, Laurie, Louis, Kate, Liam, Inès, Loïc, Jil, Léon, June, Kyle, Joy, Jonas, Jade, Johan, Gina, Jules, Gwen, Jean, Fleur, Hugo, Emma, Gabin, Ella, Gaël, Cassie, Enzo, Claire, Daniel, Chloé, Côme, Billie, Axel, Anna, Amir, Ava, Ali, Ambre, Adam et Adèle[8].

8. Les prénoms ont été changés.

QUI SONT-ILS ?

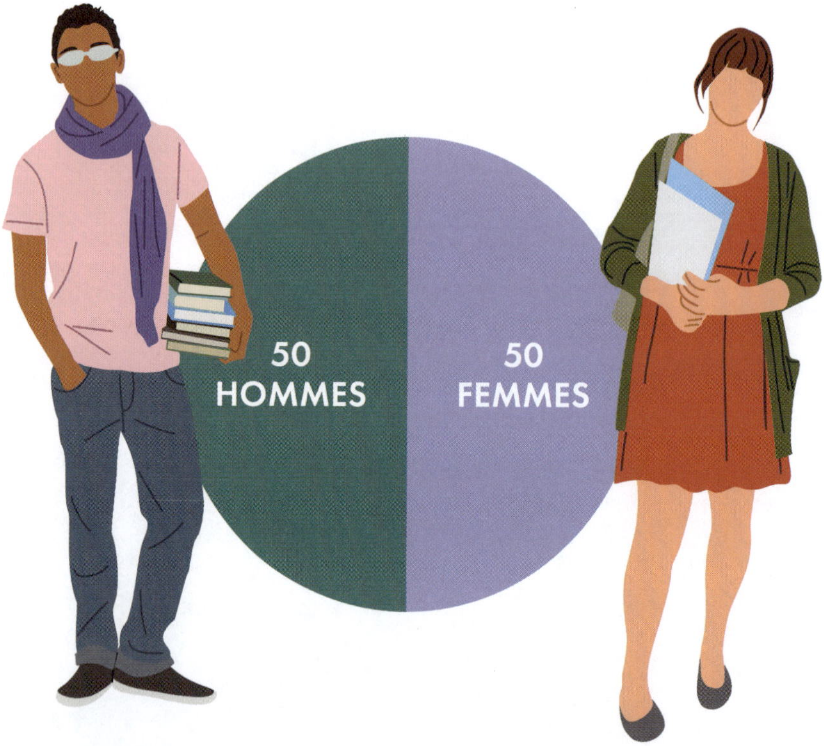

→ Entre 20 et 55 ans, vivant majoritairement en France..., mais pas que !

LEURS DOMAINES D'ÉTUDES

Journalisme	Commerce	Droit	Communication
Mode	Art et design	Philosophie	Sociologie
Immobilier	Tourisme	Urbanisme	Événementiel
Sciences	Médical	Ingénierie	Langues

LEUR VIE D'AVANT

LES SECTEURS QU'ILS ONT QUITTÉS

Transports	Médical et pharma	Énergie	Agroalimentaire
Banque	Assurance	Conseil et audit	Marketing et pub
Culture et médias	Mode et cosmétique	Musique	Droit
Informatique	Événementiel	Tourisme	Urbanisme

Ils ont démissionné parce qu'ils…

manquaient de sens

s'ennuyaient

étaient surchargés

avaient des collègues toxiques

→ Pour 1 invité sur 3, ce mal-être s'est transformé en maladie.

LEUR NOUVELLE VIE

LEURS SECTEURS DE RECONVERSION

Acting et stand-up	Musique	Art et design	Sport
Photo et vidéo	Hypnothérapie	Coaching	Enseignement
Cosmétique	Urbanisme	Artisanat	Restauration
Tourisme	Culture	Communication	Médias

→ Partir = entreprendre ? Faux ! 1 invité sur 3 est resté salarié.

Ce qu'ils préfèrent aujourd'hui :

trouver du sens

se sentir utiles

apprendre

ressentir de la reconnaissance

ET ENTRE LES DEUX ?

CE QU'ILS ONT FAIT POUR SAUTER LE PAS

→ « Mon seul frein est financier » : faux ! Le frein financier (réel) ne concernait qu'1 invité sur 3. Pour les autres, c'était surtout dans la tête que ça se jouait.

COMMENT ILS ONT TROUVÉ LEUR(S) VOIE(S)

En se connectant à un rêve de gosse	En se découvrant une nouvelle passion	En se plongeant dans leur expérience
En partant d'un besoin (personnel, ou des autres)	En faisant confiance à leur intuition	En saisissant toutes les opportunités

→ 1 invité sur 5 a eu recours à une aide extérieure (bilan de compétence, thérapie, coaching…) pour trouver sa ou ses voies.

Structure

Les parties de ce livre sont divisées en chapitres, eux-mêmes divisés en « principes » :

↘ tous illustrés de **citations d'invités (1)** ;

↘ pour la plupart illustrés de **citations d'auteurs (2)** et de **mon histoire (3)** ;

↘ pour certains, illustrés de **conseils d'invités (4)**.

1

PAROLE AUX INVITÉS • PA

MARC : de consultant sportif à restaurateur

« Tu vends du vent aux gens, et parfois tu vends même ton âme au diable : quand tu proposes à un client une stratégie à impact environnemental alors qu'un de tes clients détruit l'environnement, par exemple. Je n'en pouvais plus de cirer des bottes juste pour avoir un chèque derrière. »

DANIEL : de directeur dans l'industrie à fondateur d'un média sportif et social

« À 27 ans, un déclic a eu lieu. Mes ambitions avaient besoin d'être enveloppées de sens : j'ai compris qu'à un certain moment de ma vie je devais faire quelque chose qui puisse avoir un sens pour la société et qui puisse accompagner le collectif. »

EMMA : de consultante à fondatrice d'une marque de patrons de couture

« Je me demandais : "Quelle est ma mission, pourquoi suis-je sur Terre, quelle va être ma contribution ?" Je ne voyais pas ce que j'apportais, ni le sens de ce que je faisais. »

ROLE AUX

2

JE DÉTESTE ÊTRE DERRIÈRE UN ÉCRAN TOUTE LA JOURNÉE

« Ça va, tu ne travailles pas à la mine », vous répond-on lorsque vous vous plaignez de votre mal de dos ou de votre vue déclinante. Et ils ont raison, vous êtes chanceux à bien des égards. Contrairement à beaucoup de métiers, vous échappez à de nombreux risques de TMS (troubles musculo-squelettiques) et d'accidents du travail. Vous êtes dans un espace climatisé en été, chauffé en hiver. Peut-être même votre lieu de travail est-il plutôt chaleureux, avec ses sofas, ses poufs, ses plantes et autres paniers de fruits livrés tous les mercredis. Pour autant, il est normal de ressentir de la lassitude, voire de l'inconfort, à passer vos journées voûté dans un siège, les yeux rivés sur des documents pixellisés. Après tout, ne descendons-nous pas de générations entières de chasseurs-cueilleurs ? Vous êtes à mille lieues de vous reconvertir dans l'élevage ou la permaculture, d'accord, mais d'ici à fixer un écran toute la journée… D'ailleurs, d'après l'OMS, la sédentarité comporte de nombreux dangers pour la santé physique et mentale : diabète, hypertension, maladies cardiovasculaires, TMS, anxiété, dépression… Elle est la quatrième cause de mortalité évitable.

— TOM HODGKINSON, *L'Art d'être libre*[16]

Parfois, j'ai l'impression que vivre aujourd'hui consiste à fixer un écran. Nous fixons des écrans toute la journée au travail. Et à la gym. Et dans les bus. Et dans les trains. Nous rentrons chez nous, et nous regardons notre écran d'ordinateur avant de fixer l'écran de notre téléviseur. Pour nous divertir, nous fixons des écrans de cinéma. Travail, repos, loisirs : on n'échappe pas aux écrans. Les écrans font de nous des récepteurs passifs. […] Les écrans, en faisant défiler une ribambelle de gens sous nos yeux, nous ôtent la responsabilité d'être les créateurs de nos propres vies. Nous observons les autres agir, au lieu d'agir nous-mêmes. Ce qui nous rend radicalement impuissants, et alimente notre anxiété. Anxiété qui nous pousse à consommer. Et consommer nous endette. Et les dettes engendrent l'anxiété.

JE DÉMISSIONNE, BISOUS

16. Tom Hodgkinson, L'Art d'être l… Paris, 2017.

3

MON EXPÉRIENCE

Une de mes expériences en conseil s'est déroulée dans un cabinet dont le cœur de métier était – en particulier durant la crise sanitaire – d'aider ses clients à justifier la suppression de certains postes non essentiels afin d'échapper à la faillite. Une armée de juniors sans expérience, et vaguement supervisés par quelques managers aux pratiques douteuses, avait pour mission de rédiger des dizaines de pages d'argumentaires économiques et financiers, dont les sources laissaient à désirer. La subjectivité de ces démonstrations, dont la robustesse résidait souvent plus dans la forme que dans le fond, me dérangeait, d'autant plus qu'elle visait à supprimer de véritables postes, et mettait donc en péril la carrière et la vie de vrais salariés, de vraies personnes…, d'êtres humains en chair et en os, et de leurs familles.

Bien qu'étant tout en bas de l'échelle et ne faisant donc qu'exécuter les ordres, je me souviens de l'immense culpabilité que j'avais ressentie le jour où, chargée de supprimer des dizaines de cases sur des organigrammes PowerPoint d'une usine de filtres automobiles (celle-là même où j'ai créé *I quit, thanks*), j'ai vu l'existence de ces salariés basculer : pour le meilleur pour certains, peut-être, mais pour le pire pour la majorité d'entre eux. Ce conflit éthique vient en tête des raisons qui m'ont poussée à démissionner au bout de quelques mois).

MON EXPÉRIENCE

47

4

OLE AUX INVITÉS • PAROLE

↘ LEURS CONSEILS

LÉA : de responsable formation dans le luxe à coach en anglais et en RH

« Ton entourage risque de te biaiser : "C'est dommage, tu as fait de super études…" Mais tu pourras toujours mettre ton background à profit. »

HUGO : d'analyste en M&A à cofondateur d'une start-up dans la seconde main

« Tout apprentissage et toute expérience sont bons à prendre, et la peur d'y consacrer du temps ne doit jamais justifier un mal-être professionnel. »

FLORE : de commerciale dans l'informatique à hypnothérapeute

« On se cherche souvent "une" mission dans la vie, "le" truc qui nous fait vibrer. Mais ça nous ferme plein de portes. Il faut s'accorder le droit d'essayer, de changer, de reculer. »

AÏDA : de consultante à chargée de développement dans une start-up de l'ESS

« Il n'est pas toujours nécessaire de tout envoyer bouler pour se reconvertir, si tu n'es pas encore prêt. Il faut trouver l'entreprise qui a une mission qui te parle, à toi. »

INVITÉS • PAROLE AUX INV

Par ailleurs, en 2023, j'ai obtenu mon diplôme de coach certifiée dans une école accréditée par l'ICF (International Coaching Federation). Ce livre n'est pas un livre sur le coaching, et il était d'ailleurs quasiment rédigé avant que je ne rejoigne cette école. Cela dit, je trouvais dommage de ne pas vous faire profiter un peu de tout ce que j'ai appris. J'ai donc demandé un délai supplémentaire à mon éditrice, et je vous ai concocté **10 fiches pratiques** (le sommaire en indique 8, mais les fiches #4 et #8 sont doubles), comportant 7 questions chacune.

FICHE #4.1

Comment chercher ma ou mes voies ?

JE ME CREUSE LES MÉNINGES

#1. Pensez à trois personnes qui vous inspirent. Quelles sont leurs valeurs communes ? Si vous deviez choisir trois valeurs à (re)trouver dans votre ou vos nouveaux métiers, quelles seraient-elles ?

Vous pouvez diviser cet espace en deux colonnes. À gauche, notez les noms de vos trois « mentors » (ils peuvent être réels ou fictifs, vivants ou non...). À droite, listez leurs valeurs communes. Puis entourez les trois qui comptent le plus pour vous.

Exemples : justice, liberté, tolérance, travail, loyauté, discipline, créativité, autonomie, honnêteté...

230

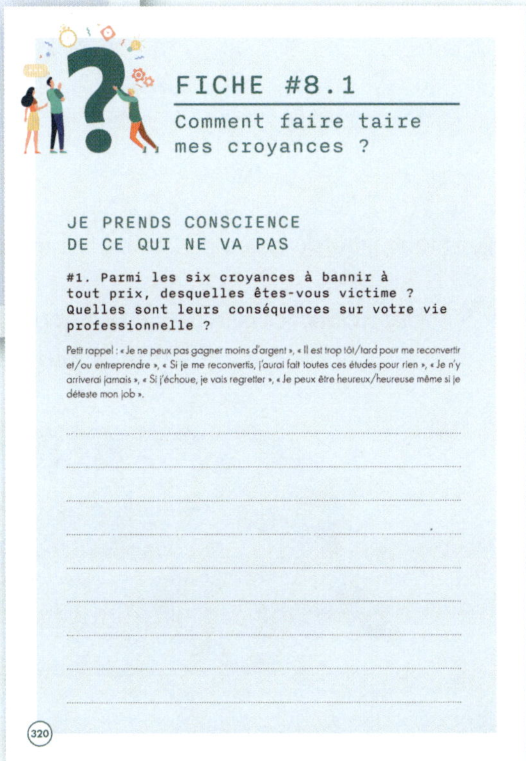
FICHE #8.1

Comment faire taire mes croyances ?

JE PRENDS CONSCIENCE DE CE QUI NE VA PAS

#1. Parmi les six croyances à bannir à tout prix, desquelles êtes-vous victime ? Quelles sont leurs conséquences sur votre vie professionnelle ?

Petit rappel : « Je ne peux pas gagner moins d'argent », « Il est trop tôt/tard pour me reconvertir et/ou entreprendre », « Si je me reconvertis, j'aurai fait toutes ces études pour rien », « Je n'y arriverai jamais », « Si j'échoue, je vais regretter », « Je peux être heureux/heureuse même si je déteste mon job ».

320

Conseils

↘ Bloquez une heure (donc un peu moins de dix minutes par question) : vous verrez que vous pourrez souvent répondre quatre fois plus vite, mais... ce n'est pas une course. Prenez votre temps.

↘ Choisissez des moments où vous êtes reposé, calme, zen, bref relaaaax.

↘ Isolez-vous dans un endroit calme et silencieux.

↘ Prévoyez une feuille à côté de vous, les zones de réponse sont petites et pourraient ne pas suffire.

↘ Ne sautez pas le plan d'action : le coaching (ou, ici, l'auto-coaching) sans plan d'action, c'est comme un menu de restaurant sans fondant au chocolat. Ça n'a littéralement, absolument, indéniablement, aucun sens.

↘ Et surtout : **n'oubliez pas de rêver**.

Si, au fil de votre lecture, ou une fois que vous aurez terminé cet ouvrage, vous vous sentez bloqué, perdu, anxieux..., ou qu'il vous reste des questions, tout simplement...

rencontrons-nous ! Je serai ravie de vous aider à y voir plus clair.

RENDEZ-VOUS SUR :

www.iquitthanks.com

@i.quit.thanks

1

NE SERAIT-IL PAS TEMPS QUE JE PARTE ?

CHAPITRE 1 • LE MANQUE DE SENS — 43
CHAPITRE 2 • LA SURCHARGE — 61
CHAPITRE 3 • L'ENNUI — 79
CHAPITRE 4 • LES COLLÈGUES TOXIQUES — 99

À MOINS QUE VOUS NE SOYEZ UN GAGNANT EUROMILLION, UN BÉBÉ, UN RENTIER, OU UNE PLANTE (LISTE NON EXHAUSTIVE), VOUS PASSEZ LE PLUS CLAIR DE VOTRE TEMPS À TRAVAILLER. Et ce n'est pas une aussi mauvaise nouvelle qu'il n'y paraît. Outre le fait qu'il vous permet de subvenir à vos besoins, le travail vous donne la possibilité de faire des rencontres, de mieux vous connaître et de comprendre le monde qui vous entoure – voire, dans le meilleur des cas, d'avoir un impact positif sur celui-ci, lequel en a urgemment besoin. C'est une expérience qui peut se révéler très épanouissante (si, si, encore plus que celle qui consisterait à vous dorer la pilule sur une plage de sable blanc pour le restant de vos jours). En travaillant, l'être humain transforme le monde et se transforme lui-même. Mais si le travail peut contribuer à construire notre santé, il peut tout autant la détruire.

Parce que nous passons le plus clair de notre temps au travail, un mal-être professionnel durable impacte en cascade l'ensemble des domaines de notre vie. Faire abstraction d'une situation difficile au travail alors qu'on y est confronté du matin au soir, cinq jours sur sept est impossible. Au fil de mes deux années d'interviews, il m'a été douloureux de constater la chose suivante : l'écrasante majorité de mes invités ont décidé de démissionner à la suite d'une période de souffrance plus ou moins intense et longue. Plusieurs dizaines d'entre eux ont d'ailleurs atteint le stade de la dépression. Cette proportion est d'autant plus stupéfiante que, d'après le Code du travail, « l'employeur est tenu de prendre toutes les mesures nécessaires pour assurer la sécurité et protéger la santé physique et mentale de ses salariés ».

Dans cette première partie, vous découvrirez un état des lieux des principales causes du mal-être au travail, et des risques majeurs que vous encourez à rester dans cette situation – que vous avez déjà tenté d'améliorer, sans succès.

OBJECTIFS

- Poser des mots concrets sur votre mal-être professionnel.
- Prendre conscience de votre urgence à fuir, avant d'y laisser trop de plumes.

« IL S'APERÇUT QUE, SI QUELQU'UN SOUFFRE, SA DOULEUR LUI APPARTIENT EN PROPRE, NUL NE PEUT L'EN DÉCHARGER, SI LÉGÈREMENT QUE CE SOIT. »

DINO BUZATTI, *LE DÉSERT DES TARTARES*[9]

---

9. Dino Buzatti, *Le Désert des Tartares*, Pocket, Paris, 2004.

— Chapitre 1 —
LE MANQUE DE SENS

Depuis la nuit des temps, les hommes s'échinent à comprendre le « sens » de leur vie. Les courants religieux, philosophiques, scientifiques ou artistiques à s'être emparés de la question du Sens, avec un grand S, sont multiples, et ont donné lieu à autant de réponses différentes, voire contradictoires. En particulier, depuis quelques années, l'intérêt porté au « sens au travail » a cessé de n'intéresser qu'une minorité d'intellectuels ou de passionnés pour devenir un réel sujet de société. Au bureau, bien sûr, mais aussi entre amis, en famille, sans parler de la déferlante de podcasts, articles, émissions, documentaires et ouvrages sur le sujet... Tout le monde a son avis sur la question, si bien que l'on ne sait parfois plus très bien de quoi on parle.

Dans *Redonner du sens au travail*[10], Coralie Perez et Thomas Coutrot distinguent trois dimensions du sens au travail : « Le sens par rapport à une finalité à atteindre dans le monde objectif ; le sens de ces activités par rapport à des valeurs dans le monde social ; le sens, enfin, par rapport à l'accomplissement de soi dans le monde subjectif. » Autrement dit, on trouve que notre job a du sens si celui-ci nous permet de nous sentir utiles, si nous en tirons de la reconnaissance, et s'il nous transforme positivement en tant qu'individus. Mais c'est un point de vue parmi des centaines (des milliers ?) d'autres, et la notion de *sens au travail* est trop complexe et subjective pour que nous puissions lui attribuer une définition unique. Un job qui a du sens pour vous n'en a pas nécessairement pour votre voisin, un job qui avait du sens hier pour vous n'en a peut-être plus aujourd'hui... Ceci étant dit, certaines caractéristiques d'un job « qui a du sens » nous mettent tous d'accord.

#1. EN SUIS-JE VICTIME ? — 44

#2. QU'EST-CE QUE JE RISQUE ? — 56

10. Thomas Coutrot, Coralie Perez, *Redonner du sens au travail : une aspiration révolutionnaire*, Seuil, Paris, 2022.

#1. EN SUIS-JE VICTIME ?

JE NE PARTAGE PAS LES VALEURS DE MON ENTREPRISE

Chacun de nous possède un système de valeurs qui lui est propre : altruisme, dévouement, discipline, accomplissement, honnêteté, générosité, justice, liberté... Les valeurs d'une entreprise sont, quant à elles, les principes fondamentaux qui forgent son identité : elles sont les repères sur lesquels se basent les décisionnaires pour prendre leurs décisions stratégiques, elles guident le fonctionnement de l'entreprise et le comportement de ses salariés, et sont au cœur du management et de la culture... L'alignement entre vos valeurs et votre projet professionnel est un élément central dans votre satisfaction, votre motivation, votre fidélisation... Et une dissonance entre vos valeurs et celles de votre entreprise entraîne, *de facto*, une perte de sens. Prenons un exemple concret : aujourd'hui, de nombreux employés – jeunes ou moins jeunes – font face à un conflit éthique environnemental. Ils ne participent pas nécessairement à des déversements de produits toxiques, mais ils contribuent à entretenir une croissance sans limite, en créant des besoins puis les produits et services qui y répondent. Or comment trouver du sens à son travail quand celui-ci contribue à détruire le monde dans lequel on vit ?

MARC : de consultant sportif à restaurateur

« Tu vends du vent aux gens, et parfois tu vends même ton âme au diable : quand tu proposes à un client une stratégie à impact environnemental alors qu'un de tes clients détruit l'environnement, par exemple. Je n'en pouvais plus de cirer des bottes juste pour avoir un chèque derrière. »

DANIEL : de directeur dans l'industrie à fondateur d'un média sportif et social

« À 27 ans, un déclic a eu lieu. Mes ambitions avaient besoin d'être enveloppées de sens : j'ai compris qu'à un certain moment de ma vie je devais faire quelque chose qui puisse avoir un sens pour la société et qui puisse accompagner le collectif. »

EMMA : de consultante à fondatrice d'une marque de patrons de couture

« Je me demandais : "Quelle est ma mission, pourquoi suis-je sur Terre, quelle va être ma contribution ?" Je ne voyais pas ce que j'apportais, ni le sens de ce que je faisais. »

PEDRO : de directeur de la communication à cofondateur d'une plateforme de cosmétiques responsables

« J'étais mal à l'aise de vendre toujours plus de produits aux gens : plus de médicaments, de portables, de shampoings... »

JOY : de directrice marketing à fondatrice d'un réseau de femmes entrepreneures

« Pourquoi bosser dans des boîtes sans valeurs ? Qui surfent sur la crédulité des gens ? »

JEAN : de nanochimiste à fondateur d'une plateforme de consommation responsable

« Ça manquait de valeurs. Je me répétais : "Je veux quelque chose de plus humain." »

MON EXPÉRIENCE

Une de mes expériences en conseil s'est déroulée dans un cabinet dont le cœur de métier était – en particulier durant la crise sanitaire – d'aider ses clients à justifier la suppression de certains postes non essentiels afin d'échapper à la faillite. Une armée de juniors sans expérience, et vaguement supervisés par quelques managers aux pratiques douteuses, avait pour mission de rédiger des dizaines de pages d'argumentaires économiques et financiers, dont les sources laissaient à désirer. La subjectivité de ces démonstrations, dont la robustesse résidait souvent plus dans la forme que dans le fond, me dérangeait, d'autant plus qu'elle visait à supprimer de véritables postes, et mettait donc en péril la carrière et la vie de vrais salariés, de vraies personnes..., d'êtres humains en chair et en os, et de leurs familles.

Bien qu'étant tout en bas de l'échelle et ne faisant donc qu'exécuter les ordres, je me souviens de l'immense culpabilité que j'avais ressentie le jour où, chargée de supprimer des dizaines de cases sur des organigrammes PowerPoint d'une usine de filtres automobiles (celle-là même où j'ai créé *I quit, thanks*), j'ai vu l'existence de ces salariés basculer : pour le meilleur pour certains, peut-être, mais pour le pire pour la majorité d'entre eux. Ce conflit éthique vient en tête des raisons qui m'ont poussée à démissionner au bout de quelques mois).

JE DOIS ME FONDRE DANS UN MOULE

De la même manière que vous ne pouvez pas entrer dans un supermarché en maillot de bain, ni mettre le feu au supermarché en question parce qu'il est en rupture de stock de votre confiture préférée, travailler en entreprise implique de s'adapter à un certain nombre de « codes ». Certaines qualités sont louables : respect, adaptabilité, esprit d'équipe... Le problème, c'est quand vous êtes exhorté à faire preuve d'une conformité excessive : adopter une posture particulière, employer un certain vocabulaire, embrasser un système de pensée et un *dress code* précis... Vous vous mettez alors à ressembler à tout le monde. Or, au fur et à mesure que vous perdez votre authenticité, vous perdez votre sentiment d'utilité, de reconnaissance... et votre « sens ». Vous savez aussi pouvoir être remplacé en un claquement de doigts, en un battement de cils, bref, très très vite... Et ça vous fait vous sentir tout chose.

— JEAN-LAURENT CASSELY, *La Révolte des premiers de la classe*[11]

La redescente de trip a été violente pour toute une génération de jeunes cadres dynamiques, passés de leur fantasme d'avant-garde de la mondialisation à la réalité de bons soldats de la suite Microsoft Office. Car ces évolutions des modes de travail tendent à transformer les salariés en simples pions interchangeables, alors que les spécialistes des ressources humaines nous assènent que l'individu et sa personnalité sont de plus en plus déterminants dans la productivité.

— NICOLAS BOUZOU ET JULIA DE FUNÈS, *La Comédie (in)humaine*[12]

Les salariés sont contraints de faire converger leurs comportements et leurs apparences, y compris vestimentaires [...]. Cette sanction normalisatrice peut étouffer les collaborateurs et diminuer leur capacité à créer [...], et tout simplement à agir.

11. Jean-Laurent Cassely, *La Révolte des premiers de la classe : changer sa vie, la dernière utopie*, Arkhê, Paris, 2022.
12. Nicolas Bouzou, Julia de Funès, *La Comédie (in)humaine*, L'Observatoire, Paris, 2018.

CLAIRE : de cheffe de projet en start-up à fondatrice d'un podcast sur l'entrepreneuriat féminin

« La culture de la boîte ne me correspondait pas. Il faut avoir une certaine personnalité pour réussir. J'avais l'impression qu'il fallait être un peu "cow-boy", rester tard le soir pour montrer qu'on travaille beaucoup. Et ce n'est pas moi. »

LOUIS : de manager au sein d'un *Big Four*[13] à disquaire

« Je prenais le métro tous les jours. Un jour, je me suis dit : "Je suis sur ce quai quarante-sept semaines sur cinquante-deux." J'ai eu un sentiment d'enfermement horrible. Je pouvais dire ce que serait mon planning des mois plus tard… »

ADÈLE : de manager dans l'informatique à pâtissière

« Je me disais : "Je ne suis pas irremplaçable, je suis juste un pion." »

PEDRO : de directeur de la communication à cofondateur d'une plateforme de cosmétiques responsables

« On était des pions. Pour faire des économies, on demande aux gens de faire dix fois plus. »

13. Les Big Four sont quatre cabinets de conseil extrêmement influents dans le monde.

MON EXPÉRIENCE

Lorsque j'ai étudié à Bangkok durant ma troisième année de licence, j'ai dû porter un uniforme. Mais, hormis le fait que ma robe plissée et ma chemisette étaient faites d'un tissu bien trop épais pour la chaleur de la Thaïlande, et que cet accoutrement mettait mon « style » en péril, cela ne m'a pas dérangée outre mesure. C'est un tout autre épisode que je vais vous faire partager.

Les bureaux d'un de mes cabinets de conseil étaient dans un hôtel particulier parisien, à la décoration aussi chaleureuse que l'équipe dirigeante : murs immaculés, miroirs hauts, cheminées en marbre noir, rampes en fer forgé et lustres en cristal... Le *dress code* était, quant à lui, digne des plus grandes banques de la City : costard pour les hommes, tailleurs pour les femmes. Baskets, tatouages, piercings et autres teintures extravagantes étaient à bannir. La majeure partie de mon expérience dans cette entreprise a coïncidé avec l'un des confinements, et le télétravail était donc de mise cinq jours sur cinq. Un jour, une associée et moi nous sommes connectées à une discussion vidéo avec un client qui – détail non sans importance pour la chute de l'histoire – n'a pas activé sa caméra (j'en profite, par ailleurs, pour préciser que je n'ai jamais compris l'injonction à mettre sa caméra systématiquement, et encore moins dans un contexte de confinement mondial, où le mode « survie en famille dans un trois-pièces » – et survie tout court, d'ailleurs – était mondialement activé). À la fin de la discussion, l'associée m'a appelée pour me dire, d'un ton cinglant : « Faire un appel client avec un pull, c'est inadmissible. La prochaine fois, tu me feras le plaisir de mettre une chemise. » J'ai d'abord cru qu'elle plaisantait. Quelle n'a pas été ma surprise lorsque j'ai compris qu'elle était tout à fait sérieuse.

MON TRAVAIL FINIT SOUVENT DANS LE VIDE

« L'important, c'est de participer. » Si cet adage (de Pierre de Coubertin) a consolé des générations de derniers de la classe en sport (rang dont j'ai, à titre personnel, été indélogeable durant toute ma scolarité), dans le monde du travail, c'est un peu plus complexe que cela. Le besoin de gagner votre vie est la principale motivation qui vous pousse à chercher un emploi, d'accord, mais d'autres choses sont tout aussi importantes, à commencer par le sentiment d'être utile. Et nous avons beau avoir tous notre propre définition de l'utilité, qu'on le veuille ou non, il s'agit d'un besoin humain fondamental. Une incapacité durable à ressentir son impact est donc dévastatrice pour le moral. Prenons un exemple concret : celui des fameux *bullshit jobs* théorisés par David Graeber, auteur du livre du même nom. Dans ce type d'emploi, il existe un accord tacite entre employeurs et employés qui consiste à prétendre croire à leur utilité, tout en sachant qu'il ne s'agit que d'une pièce de théâtre grandeur nature. Ce consensus pourrait être comique si ses conséquences n'étaient pas si désastreuses pour la santé mentale collective.

— DAVID GRAEBER, *Bullshit Jobs*[14]

Un bullshit job est une forme d'emploi rémunéré qui est si totalement inutile, superflue ou néfaste que même le salarié ne parvient pas à justifier son existence, bien qu'il se sente obligé, pour honorer les termes de son contrat, de faire croire qu'il n'en est rien. [...] Les gens qui ont des bullshit jobs sont auréolés d'honneur et de prestige [...]. Pourtant, au fond d'eux-mêmes, ils sentent qu'ils sont loin d'avoir mérité quoi que ce soit [...] ; ils soupçonnent que tout cela ne repose que sur un énorme mensonge - et, de fait, c'est le cas.

— NICOLAS BOUZOU ET JULIA DE FUNÈS, *La Comédie (in)humaine*

Depuis la nuit des temps, les individus les plus motivés ne recherchent pas les artifices, les faux-semblants, les comédies. Ils recherchent les moyens de réaliser des choses utiles et véritables, dans des environnements motivants.

14. David Graeber, *Bullshit Jobs*, *op. cit.*

MADDIE : de directrice dans le luxe à coach

« Je passais beaucoup de temps sur Excel à projeter des budgets, pour qu'on me dise : "Finalement, on ne va plus faire ça !" J'avais moins d'entrain, des angoisses. »

GWEN : de directrice de la communication à coach sportive

« J'étais passionnée par mon truc. Du coup, je me suis cramée : je taffais le soir, le week-end… Mais, en retour, je me faisais balader à base de : "C'est super, ce que tu fais !" alors que je savais que ça n'allait pas aboutir. »

HUGO : d'analyste en M&A à cofondateur d'une start-up dans la seconde main

« En *hedge fund*, tu as beau bosser comme un fou, 70 % de ton travail finit dans le vide. »

JIL : de directrice de la communication à barbière

« Tu travailles sur dix projets, un seul se lance, et il est modifié à 80 %. »

MON EXPÉRIENCE

En conseil, j'ai produit un certain nombre de « livrables[15] », prenant, dans la majorité des cas, la forme d'un PowerPoint de dizaines – voire centaines – de slides. Il pouvait s'agir de documents au contenu plus ou moins stratégique, et donc plus ou moins « intéressants » à construire. Les guillemets s'expliquent par le fait que, de mission en mission, mon intérêt suivait toujours la même courbe décroissante, une fois que je constatais le gouffre souvent présent entre les paillettes de mon « *brief* » (l'explication du pourquoi du comment de la mission) et la réalité de mes tâches. Mais les documents stratégiques avaient au moins le mérite d'être exploités par les clients ; et notre temps passé à les construire, d'avoir été employé à quelque chose d'utile.

Hélas, dans la majorité des cas, je construisais des livrables que je savais n'avoir aucune chance d'être lus, et encore moins utilisés. Mon choix de typologies de conseil, de cabinets, et mon grade de junior, entre autres choses, ont bien sûr pesé dans la balance. Toujours est-il que j'ai passé de nombreuses journées (et nuits) à construire des synthèses de documents internes ignorés et destinés à le rester, des feuilles de route irréalistes, des fiches pratiques inutiles, des tableaux de chiffres inventés ou obsolètes... Autant de documents transférés (ou pas) sur des *drives*[16] poussiéreux, et qui y resteront jusqu'à la nuit des temps... À moins qu'un autre consultant junior doive en faire la synthèse dans quelques années, synthèse dont je vous laisserai deviner le destin...

---

15. Pour mes lecteurs peu familiers du monde du conseil, les livrables sont des documents que les consultants – souvent juniors – sont chargés de produire, à une fréquence équivalente à celle d'une poule pondant ses œufs (comprendre : élevée).
16. Les drives sont des plateformes de partage de fichiers en ligne, très utilisés en bureautique. (Je précise au cas où, on ne sait jamais !)

JE DÉTESTE ÊTRE DERRIÈRE UN ÉCRAN TOUTE LA JOURNÉE

« Ça va, tu ne travailles pas à la mine », vous répond-on lorsque vous vous plaignez de votre mal de dos ou de votre vue déclinante. Et ils ont raison, vous êtes chanceux à bien des égards. Contrairement à beaucoup de métiers, vous échappez à de nombreux risques de TMS (troubles musculo-squelettiques) et d'accidents du travail. Vous êtes dans un espace climatisé en été, chauffé en hiver. Peut-être même votre lieu de travail est-il plutôt chaleureux, avec ses sofas, ses poufs, ses plantes et autres paniers de fruits livrés tous les mercredis. Pour autant, il est normal de ressentir de la lassitude, voire de l'inconfort, à passer vos journées voûté dans un siège, les yeux rivés sur des documents pixellisés. Après tout, ne descendons-nous pas de générations entières de chasseurs-cueilleurs ? Vous êtes à mille lieues de vous reconvertir dans l'élevage ou la permaculture, d'accord, mais d'ici à fixer un écran toute la journée… D'ailleurs, d'après l'OMS, la sédentarité comporte de nombreux dangers pour la santé physique et mentale : diabète, hypertension, maladies cardiovasculaires, TMS, anxiété, dépression… Elle est la quatrième cause de mortalité évitable.

— TOM HODGKINSON, *L'Art d'être libre*[17]

Parfois, j'ai l'impression que vivre aujourd'hui consiste à fixer un écran. Nous fixons des écrans toute la journée au travail. Et à la gym. Et dans les bus. Et dans les trains. Nous rentrons chez nous, et nous regardons notre écran d'ordinateur avant de fixer l'écran de notre téléviseur. Pour nous divertir, nous fixons des écrans de cinéma. Travail, repos, loisirs : on n'échappe pas aux écrans. Les écrans font de nous des récepteurs passifs. […] Les écrans, en faisant défiler une ribambelle de gens sous nos yeux, nous ôtent la responsabilité d'être les créateurs de nos propres vies. Nous observons les autres agir, au lieu d'agir nous-mêmes. Ce qui nous rend radicalement impuissants, et alimente notre anxiété. Anxiété qui nous pousse à consommer. Et consommer nous endette. Et les dettes engendrent l'anxiété.

17. Tom Hodgkinson, *L'Art d'être libre : dans un monde absurde*, Les Liens qui libèrent, Paris, 2017.

CHLOÉ : de cheffe de projet en marketing à fleuriste

« J'avais mal partout d'être si statique, j'avais besoin de bouger. »

FLORE : de commerciale dans l'informatique à hypnothérapeute

« Je passais mon temps au téléphone devant un écran. Ça a usé mon âme. »

EZRA : de chef de projet en start-up à fondateur d'un atelier de réparation de vélos

« La "vie de bureau" n'existe que depuis quelques décennies. Pourtant, aujourd'hui, on se consacre à un monde professionnel totalement virtuel. On n'a pas de contact, on n'est pas sur le terrain. Et ça nous bousille le cerveau. »

#2. QU'EST-CE QUE JE RISQUE ?

Le risque d'une perte de sens au travail est le « brown-out ». C'est David Graeber qui a mis un nom sur ce phénomène, en 2013. Cette expression renvoie à une baisse de courant dans un circuit électrique, et signifie littéralement « manquer de jus ». La *Harvard Business Review* le définit ainsi : « baisse de l'engagement des collaborateurs résultant d'une perte de sens au travail, d'un manque de compréhension du pourquoi de leur mission et d'une absence de mise en perspective de leurs tâches ». Autrement dit, vous êtes parfaitement capable et alerte, mais votre motivation est proche du néant. Parmi ses symptômes : perte d'attention, angoisse, remise en question personnelle, dégradation des relations (liée à de l'irritation, à de l'agressivité, à une tendance à l'isolement, à un repli sur soi, etc.)... Au même titre que les autres « maladies en *out* », sur lesquelles nous reviendrons, le brown-out peut entraîner un glissement lent vers un état dépressif, dont les conséquences peuvent aller jusqu'à envisager le suicide. À ne surtout pas prendre à la légère, donc.

— JEAN-LAURENT CASSELY,
La Révolte des premiers de la classe

Perdre le sens de son action au quotidien [...] est un désespoir qui vient remettre en question notre humanité profonde, car il est difficile de vivre sans avoir une image claire de sa contribution à la société. [...] Selon David Graeber, des troupes entières de gens passent leur vie à effectuer des tâches qu'ils savent sans réelle utilité. Les nuisances morales et spirituelles qui accompagnent cette situation sont profondes. C'est une cicatrice qui balafre notre âme collective.

— NICOLAS BOUZOU ET JULIA DE FUNÈS,
La Comédie (in)humaine

C'est l'impossibilité de voir comment leur travail transforme le monde qui dévitalise les collaborateurs et génère des maladies professionnelles comme les brown-out. [...] Le collaborateur est réduit [...] à un vivant qui travaille pour subvenir à ses besoins.

SIBYL : de commerciale à photographe

« J'arrivais jusque devant chez le client, mais je restais dans ma voiture tellement j'étais angoissée. J'étais anxieuse toute la journée. Le seul moment où j'étais bien, c'était quand je mangeais ma salade dans ma voiture, ou le soir. Mes objectifs n'étaient pas atteints. Mais je n'en avais rien à faire. »

ZOÉ : de fiscaliste à attachée de presse dans la musique

« Dès le dimanche, 14 heures, j'angoissais. Le lundi matin, j'avais les larmes aux yeux. J'avais perdu toute confiance en moi. La mauvaise humeur que j'avais au travail se répercutait sur ma vie perso. »

EZRA : de chef de projet en start-up à fondateur d'un atelier de réparation de vélos

« Pendant un de mes stages, on envoyait des box de fromage. Je me suis dit : "Tout ce que les gens diplômés de mon âge détestent faire, j'adore : me lever à 5 heures du mat, couper du fromage pendant quatorze heures, debout, dans un entrepôt... Tout sauf faire des slides !..." Je suis devenu chef de projet, supply chain manager... Tu es bien payé, mais, existentiellement, c'est vide. Et, job après job, les mêmes questionnements sur l'absence de sens, doublés d'insomnies, de crises d'angoisse... Je commençais à sombrer mentalement. J'étais paumé, et je n'arrivais pas à expliquer à mes potes ma détresse. Je leur disais : "Je déteste ma vie. Comment vous faites ?" On me répondait : "Tu gagnes quarante mille euros par an, tu fais la fête, de quoi tu te plains ?" »

MON EXPÉRIENCE

En conseil, j'ai beaucoup manqué de « sens ». Certes, d'une expérience à l'autre, l'intensité de ce sentiment a beaucoup varié. Il m'est même arrivé de trouver, de manière objective, qu'une mission avait du « sens en soi », mais qu'il ne s'agissait simplement pas de « mon sens à moi ». Quoi qu'il en soit, au fil des ans, il m'était de plus en plus insupportable d'exercer un métier dont je ne parvenais pas à justifier l'existence. Lors de ma dernière expérience, ce malaise chronique a eu un impact terrible sur ma vie.

Pourtant, sur le papier, la mission de mon cabinet était louable : aider nos clients à se transformer, en organisant pour eux des séminaires de travail franchement grandioses. Mais, en pratique, les efforts humains et financiers me semblaient démesurés ; et les objectifs, rarement atteints. Pas de doute : j'avais un « *bullshit job* ». Je brassais du vent, entourée de gens tristes (lesquels, ironiquement, étaient convaincus d'appartenir à une élite sans laquelle le monde ne pourrait plus tourner). Sur mon temps libre, je n'avais alors qu'un objectif : fuir la réalité par tous les moyens possibles. Hors de question de ralentir, même pour une heure. C'était prendre le risque de repenser à la mascarade à laquelle je contribuais. Mon mode de vie parisien, pourtant déjà effréné, a accéléré, encore et encore. Il était grand temps que ça cesse.

POUR CONCLURE...

Certains pensent que la quête de sens est un « problème de riches », qu'elle n'intéresse qu'une poignée de professions surqualifiées. C'est faux. À titre d'illustration, prenons la pyramide de Maslow. Pour rappel, cette modélisation hiérarchise les besoins humains. De bas en haut : les besoins physiologiques, la sécurité, l'appartenance, l'estime et l'accomplissement de soi. Si on l'applique au travail, cela donne, dans le même ordre : le travail permet de gagner sa vie pour se loger et se nourrir, d'avoir une vie sans angoisse du lendemain, d'être inclus dans un groupe, d'avoir de la reconnaissance, et enfin... de donner un sens à sa vie. La quête de sens au travail est donc tout en haut. Or plus un pays est développé, plus les « besoins du haut » constituent un sujet à part entière. Vivre en France en 2023 et être malheureux parce qu'on manque de sens dans son travail est donc loin d'être un *champagne problem* (en français : « problème de riche »).

— Chapitre 2 —
LA SURCHARGE

« BURN-OUT. » À moins que, comme Kimmy Schmidt, vous n'ayez vécu le plus clair de votre vie enfermé dans un bunker, parce qu'un gourou vous faisait croire que l'Apocalypse avait eu lieu (malgré son pitch glaçant, cette série – *Unbreakable Kimmy Schmidt* – est hilarante), vous avez entendu ce mot des dizaines, voire des centaines, de fois. Vous connaissez une ou plusieurs personnes qui en ont été victimes. Peut-être traversez-vous un burn-out en ce moment même.

Le burn-out est la principale conséquence d'une surcharge de travail (nous y reviendrons). Celle-ci survient lorsque la quantité de travail à réaliser dépasse ce que l'on est capable d'accomplir dans le temps imparti. La charge de travail couvre trois dimensions : la charge prescrite, qui désigne ce que votre manager vous demande de faire (fonctions, objectifs...) ; la charge réelle, qui désigne ce que vous faites réellement (aléas, ajustements, travail non prévu, aide des collègues...) ; et la charge vécue, qui désigne ce que vous vous représentez comme étant votre charge. Si certains métiers sont plus soumis au risque de surcharge (les agriculteurs, les membres du personnel médical, les enseignants, les artisans, les commerçants...), aucun secteur n'est épargné.

#1. EN SUIS-JE VICTIME ? — 62

#2. QU'EST-CE QUE JE RISQUE ? — 72

#1. EN SUIS-JE VICTIME ?

MES OBJECTIFS SONT INATTEIGNABLES, OU ON M'EN DEMANDE TOUJOURS PLUS

C'est l'employeur qui est censé décider du réalisme des objectifs, mais la subjectivité de cette décision entraîne des abus : délais ultra-serrés, ressources insuffisantes... Et voilà donc vos quarante heures transformées en soixante. Cousine maléfique des objectifs irréalisables : la culture de la surproductivité (de mise, entre autres, dans bon nombre de start-up dont on ne sait pas si les locaux, entre cabines de réunions futuristes et boules de Pilates argentées, ressemblent plus à une salle de CrossFit ou à un vaisseau spatial). S'inscrivant dans la lignée d'un monde et d'une société en constante accélération, c'est une situation aussi – si ce n'est plus – dangereuse. Car, si les objectifs même irréalisables ont le mérite d'être fixes, et donc atteignables, a minima en théorie, être exhorté à viser « toujours plus loin, toujours plus haut, toujours plus fort » ne signifie ni plus ni moins que, quoi que vous fassiez, ça ne sera jamais assez. N'avez-vous pas remarqué que, souvent, plus vous en faites, plus on vous en demande ? David Graeber a un drôle de conseil pour vous : « Pendant tes heures de travail, ne sois surtout pas trop efficace. Cela ne te rapportera rien, pas même un hochement de tête grognon en signe de reconnaissance. Au contraire, pour ta peine, tu écoperas de tâches débiles qui visent uniquement à te maintenir occupé. » Entre super-héros et bonne poire de service, il n'y a qu'un (tout petit) pas.

JIL : de directrice de la communication à barbière

« Je me suis vite aperçue qu'on était plus sur le chiffre d'affaires que sur la campagne de communication : j'avais trente clients à gérer, en moyenne. »

CHAD : de consultant à responsable RH dans une start-up de l'ESS[18]

« Je vivais des situations absurdes, avec des moyens pas assez importants et des désorganisations qui créent de l'urgence en permanence. J'étais une machine qui abattait du travail sans chercher à se poser la moindre question. »

LAIA : de cheffe de projet en start-up à illustratrice

« Je devais mettre la pression aux équipes, faire en sorte de "rentabiliser leur temps". »

SACHA : de manager en start-up à ébéniste

« Les start-up, ça te vend du rêve, plein de paillettes, mais, au final, si la nourriture est gratuite, c'est pour que tu restes et que tu bosses. Ils cherchent la surproductivité. »

18. « Économie sociale et solidaire. »

MON EXPÉRIENCE

Lorsque j'ai rejoint le monde du conseil – alias l'Eldorado, dans mes yeux de jeune diplômée d'une faculté « d'élite » –, je n'avais qu'un but : prouver que j'étais l'employée efficace, organisée, rigoureuse ; bref, l'employée qui réunissait toutes les compétences listées dans sa lettre de motivation, fièrement récitées en entretien en réponse à la question, ô combien originale : « Pourquoi devrions-nous vous choisir, vous ? », et illustrées tant bien que mal par des expériences allant du stage de quatrième à la nébuleuse expérience en tant que vice-présidente d'une association étudiante. Dès que l'on me confiait une tâche, la « première de classe » que j'étais enclenchait le mode « machine de guerre » et, après avoir construit une *to do list* en béton, la déroulait à la vitesse grand V. J'avais pour règle d'or de toujours envoyer mes « livrables » bien avant la *deadline*.

Mes managers me donnaient des pistes d'amélioration constructives et utiles, mais rares étaient ceux qui s'arrêtaient là : « Tu sais quoi ? Tant qu'à faire, s'il te reste du temps, t'as qu'à faire ci, faire ça, et puis ci, et ça... » Des demandes absurdes tombées du ciel entraînaient une surcharge qui compensait plus que largement mon efficacité. J'ai vite compris où étaient mes intérêts, et je n'ai plus jamais envoyé un livrable plus d'une heure avant la *deadline*. À mes anciens managers qui me lisent : sans rancune, hein ?

JE NE SUIS PAS ASSEZ FORMÉ POUR FAIRE CE QU'ON ME DEMANDE

L'employeur a une obligation légale de s'assurer que ses employés possèdent l'ensemble des compétences et qualités nécessaires à exercer leur métier sereinement, et dans des horaires décents. Cela passe notamment par le fait de s'assurer, lors du processus de recrutement, que la personne est apte à occuper le poste, et par la proposition de formations une fois le salarié recruté. Pourtant, de nombreux managers contraignent quotidiennement leurs équipes à effectuer des tâches hors de leur portée. La vie en entreprise est faite d'imprévus, et il est normal que cette situation survienne de temps à autre. Le problème, c'est lorsque ça devient la norme. Car, si votre manager vous contraint à effectuer des tâches pour lesquelles vous n'êtes pas assez formé, vous cherchez de l'aide en ligne ou auprès de collègues, vous mettez un temps fou à effectuer ladite tâche, vous corrigez vos nombreuses erreurs, vous réparez les dégâts auprès des clients ou de la hiérarchie..., et votre charge de travail augmente mécaniquement. Tout cela, sur fond de stress, de pression et de culpabilité. Et la situation empire de semaine en semaine, car votre confiance en vous diminue d'échec en échec.

P-S : Mentir sur votre CV, en prétendant être un ponte en astrophysique alors que vous ne savez pas faire une addition de tête, n'est donc pas la meilleure des idées.

CHLOÉ : de cheffe de projet en marketing à fleuriste

« On en attendait autant de moi en tant qu'apprenti que si j'avais été cadre. »

MATTEO : de consultant à humoriste

« Je prospectais des boîtes pour leur vendre des prestas de conseil. Je faisais passer des entretiens à de potentielles futures recrues… qui avaient parfois 50 ans. Je ne comprenais même pas de quoi on parlait. »

JOY : de directrice marketing à fondatrice d'un réseau de femmes entrepreneures

« J'avais un profil marketing, mais on me demandait d'être technique. »

ELLA : de cheffe de projet au sein d'une fondation à guide touristique

« Je me suis retrouvée à gérer des tâches pour lesquelles je n'avais aucune expertise à l'époque – comme la comptabilité –, ce qui a été une énorme source de stress. Dès le premier jour, j'ai eu une stagiaire sous ma responsabilité… À 23 ans, qui sait manager ? »

MON TRAVAIL DÉBORDE SUR MA VIE PERSONNELLE

Il faut bien avouer que le télétravail est à double tranchant. Bien que salvateur – car il permet d'éviter bouchons et autres RER A aux heures de pointe (ou de passer l'aspirateur lors des réunions hebdomadaires de la terrible Mélanie) –, lorsqu'il est excessif, il peut s'avérer piégeux pour certaines personnes. Lorsque lieu de travail et maison ne font qu'un, il est plus difficile de se fixer un cadre, une heure limite à laquelle fermer son ordinateur (« Hello, j'ai vu que tu étais en ligne. Je ne te dérange pas j'espère ? »). En bref, il est plus facile d'arrêter de travailler lorsqu'il est 22 heures et qu'on est le dernier dans un open space plongé dans le noir à une heure de transport de chez soi que lorsqu'on est confortablement lové dans son canapé en velours à dix secondes chrono de son lit. Mais la surcharge de travail ne se mesure pas seulement au nombre d'heures que vous passez à travailler chez vous. Vous pouvez aussi continuer à penser au travail (la surcharge mentale, en somme) à cause de l'hyperconnectivité dont nous sommes tous victimes aujourd'hui, le « téléphone pro » ne réglant le problème qu'à raison d'une discipline de fer (l'éteindre quand on quitte le bureau par exemple, ce qui est rarement le cas). Ou vos relations peuvent se dégrader, parce que vous êtes stressé ou désagréable. Ou vous pouvez gâcher le peu de temps libre qu'il vous reste, car vous conviendrez que, si vous rentrez lessivé du travail, vous êtes plus tenté de buller devant des émissions au QI au ras des pâquerettes qu'à faire une heure de sport ou qu'à vous plonger dans un bon roman.

ROMY : de directrice dans le secteur de la *food* à viticultrice

« Je travaillais de 8 heures à 23 heures, j'avais des dîners quatre soirs dans la semaine, le stock et les humeurs des chefs à gérer, la logistique, les équipes, les soucis de croissance... »

FLEUR : d'infirmière à commerciale

« J'avais de très gros horaires. M'occuper de mes trois enfants devenait compliqué, malgré l'aide des nounous. »

LILY : de journaliste à illustratrice

« Je travaillais de 7 heures du matin à tard le soir, week-ends inclus. Quand je faisais des sorties persos, je pensais à l'article que j'écrirais ensuite. »

CHLOÉ : de cheffe de projet en marketing à fleuriste

« J'étais si stressée que je m'enfermais complètement. Le soir, au lieu de voir des gens, je mangeais seule et regardais la télé. »

MON EXPÉRIENCE

Une de mes expériences en conseil a coïncidé avec le deuxième confinement. La mention de cette période ne manquera pas de replonger mes lecteurs parisiens, et plus globalement tous ceux qui l'ont vécue ailleurs que sur la Côte d'Azur ou dans les territoires d'outre-mer, dans une atmosphère aussi froide que sombre – au sens propre comme au sens figuré. L'impact de la pandémie sur mon existence a été bien moindre que sur celle de millions d'autres personnes, et les lignes qui viennent ne remettent en aucun cas en question ma gratitude d'avoir été aussi chanceuse. Cela dit, dans mon référentiel très privilégié, le deuxième confinement fut une chute libre aux enfers. Tandis que j'étais au chômage durant le premier, et que mon activité principale consistait à dévorer romans et séries dans un jardin ensoleillé, je passai le deuxième à construire, à mon insu, les bases de ce qui deviendrait mon premier (et dernier, Dieu merci) burn-out.

Appels ininterrompus de 7 heures à 19 heures, la soirée consacrée à la production de mes livrables, un dîner livré englouti à la va-vite, et quelques heures de sommeil avant d'entendre mon réveil retentir, irrémédiablement, jour après jour. Le week-end, il m'était imposé de rester joignable, ce qui permettait à certains de mes boss de s'octroyer le luxe de me solliciter pour un oui ou pour un non (après tout, nous étions confinés. Qu'avais-je de mieux à faire que de lui expliquer comment s'orienter dans les dossiers du *drive* pour lui faire gagner quelques minutes de son temps, a priori plus précieux que le mien ?). Au fil des semaines, mes vies pro et perso se sont entremêlées, au point que je rêvais de tableurs Excel. De quoi vous faire regretter le monstre, plutôt attachant, tout compte fait, qui hantait vos cauchemars d'enfant.

DEPUIS QUE JE SUIS MANAGER, JE SOMBRE

Lorsqu'on est promu, on est censé se délester de tout ou partie de nos anciennes tâches pour en endosser de nouvelles, plus en adéquation avec nos compétences… Pourtant, de nombreux managers sont en surcharge. Il y a le cas classique du manager fraîchement promu qui cumule ancienne et nouvelle fiches de poste pendant plusieurs mois (vous pensiez vous délester de vos tâches opérationnelles et pouvoir enfin vous concentrer sur des missions plus stratégiques ? Que nenni !). Mais aussi : la hausse des objectifs sans fournir les ressources nécessaires, le stress induit par le fait de gagner en responsabilité et qui augmente donc le risque de surcharge, ou encore le fait que, dans bon nombre d'entreprises, devenir manager est un automatisme des promotions. Autrement dit, si l'employé reste suffisamment longtemps, il sera promu, indépendamment de ses capacités ou de son envie à l'être. Or devenir manager est loin d'être le saint Graal pour tous (lors de son interview, Ava, consultante en digital devenue prof de tennis, m'a confié ceci : « J'ai 40 ans et je n'ai jamais été manager, parce qu'au fond ça ne m'a jamais intéressée »). Dommage que l'injonction à le devenir écarte l'exploration d'autres chemins.

— TOM HODGKINSON, *L'Art d'être libre*

Le principe même d'une carrière est de suivre un chemin ascendant vers un objectif toujours fuyant. […] La carrière gâche une source de joie potentielle et la transforme en un devoir, une obligation, presque une pénitence. Voulez-vous vraiment voir gravé sur votre tombe : « Il a trimé toute sa vie » ?

LOU : de directrice au sein d'un Big Four à fondatrice d'un cabinet d'avocats

« J'ai évolué jusqu'au grade de directrice. Tu travailles tellement. De grade en grade, tes objectifs augmentent..., et moins vite que ta rémunération.

Quand tu pars à 17 heures, tu culpabilises. J'ai reçu plusieurs primes... Mais, d'année en année, je m'oubliais un peu plus. »

MADDIE : de directrice dans le luxe à coach

« En entreprise, plus tu montes en responsabilités, plus tu es stressée. Je m'éclatais plus quand j'avais moins de millions à gérer. »

CASSIE : de juriste dans un grand groupe à slasheuse pâtissière/coach

« D'année en année, j'ai commencé à être de plus en plus fatiguée. J'ai fait des mutations, en espérant que ce serait différent. Mais plus je gravissais les échelons, pire c'était. »

ROMY : de directrice dans le secteur de la *food* à viticultrice

« Quelques années après, je suis promue *general manager* de la boîte. Le boulot était passionnant, mais beaucoup trop intense. »

#2. QU'EST-CE QUE JE RISQUE ?

Le burn-out est l'un des principaux fléaux du monde du travail. Signifiant littéralement « se consumer », telle une bougie qui brûle petit à petit jusqu'à disparaître, il désigne un état d'épuisement physique, émotionnel et mental qui résulte d'une surcharge de travail prolongée. Ses manifestations sont nombreuses : émotionnelles (anxiété, irritabilité, troubles de la mémoire, de l'attention, de la concentration...), comportementales (repli sur soi, agressivité, addictions...), motivationnelles (désengagement, doutes sur ses compétences...) et physiques (troubles du sommeil, TMS, crampes, vertiges, troubles intestinaux...). En outre, le stress, de mauvaises conditions de travail ou encore des relations tendues avec le management et/ou les collègues sont autant de facteurs de risques qui, en plus de la surcharge avérée, augmentent considérablement le risque de burn-out. Et celui-ci n'est pas l'unique risque de la surcharge de travail : selon une étude des Organisations mondiales de la santé (OMS) et du travail (OIT), travailler plus de cinquante-cinq heures par semaine augmente le risque de maladies cardiaques et d'AVC mortels.

ELLA : de cheffe de projet au sein d'une fondation à guide touristique

« En un an là-bas, mon stress a été si intense qu'il a eu des conséquences sur ma santé psychologique et physique. »

JULES : de chef de projet en start-up à UX designer en freelance

« Je me suis donné corps et âme. On bossait comme des dingues. J'étais considéré comme de la chair à canon. Je n'étais qu'un fusible. »

AMIR : de manager au sein d'un Big Four à slasheur guide touristique/coach

« Je me sentais de moins en moins dans le truc. Je traversais des phases d'extrême fatigue, de déprime. Mon corps me disait stop. Quand j'en parlais à mes collègues, ils me répondaient : "T'inquiète, ça nous arrive aussi parfois, ça passera !" J'ai été arrêté deux semaines. Peu après, un mois. Cette fois, c'était un burn-out.

J'étais sous antidépresseurs, je faisais des cauchemars et des crises d'anxiété. Je me disais : "Tu as fait Saint-Cyr, tu n'es pas faible !" J'avais perdu toute lucidité. On peut perdre pied si vite. Si on m'avait dit, six mois plus tôt, que j'en arriverais là, je n'y aurais pas cru. »

FLORE : de commerciale dans l'informatique à hypnothérapeute

« Je pensais que je pourrais m'adapter, mais j'ai fini par me retrouver sous une pression immense. J'avais l'impression de foncer dans un mur. J'étais sur un radeau, et je voyais la cascade. J'avais des crises d'angoisse, je suis devenue l'ombre de moi-même. C'était devenu ma norme, jusqu'à ce que mes proches me disent : "Euh... t'as pas l'air d'aller bien, tu dors tout le temps, tu veux plus sortir..." J'ai décidé d'aller chez un psy. Elle m'a prescrit du Xanax dans un premier temps... puis a fini par me mettre en arrêt maladie. On a tendance à se dire que ce sont des vacances, mais non. Je culpabilisais énormément. »

MILA : de directrice RH à maquilleuse

« J'étais la première le matin, la dernière le soir. Je travaillais parfois quinze heures par jour. J'étais cramée. En congé mat, je travaillais sur Excel et PowerPoint, entre deux biberons et crises de larmes. À peine de retour, on m'a demandé d'aller aux Philippines pour deux semaines. Mon bébé n'avait que deux mois... J'ai hésité, mais la pression m'a fait céder. Je bossais vingt heures par jour, et dormais trois heures par nuit. J'ai posé deux demi-journées de congés. Mon message d'absence était clair : "Je ne suis pas joignable du tout." Mon boss m'a incendiée : "*What are you thinking ?!* Tes équipes sont perdues ! Tu es irresponsable !" De retour, je mettais une heure à comprendre un mail, trois heures à rédiger une réponse, mes formules Excel ne voulaient plus rien dire. À la maison, le soir, je tremblais et pleurais, et le matin, tel un zombie, impossible de me lever. Grosse descente aux enfers. »

LÉA : de responsable formation dans le luxe à coach en anglais et en RH

« J'étais Responsable formation. C'était beaucoup de responsabilités, on me faisait confiance, on comptait sur moi pour me dépasser. Mais je n'avais pas de vie à côté. Au bout de six mois, je me suis retrouvée sous anxiolytiques. J'ai été arrêtée une première fois, fin 2017, pour un mois. Je ne tenais plus le rythme. En plus, les voyages induisaient beaucoup de jetlag. Pourtant, après mon mois d'arrêt, j'y suis retournée. Et un soir, j'ai fait une crise d'angoisse, je n'arrivais plus à respirer ni à avancer. La semaine suivante, je suis retombée malade. J'espérais que le médecin me prescrive mes médicaments assez vite pour que je reprenne mes appels à 9 heures. Et là, il m'a dit : "Je dois vous arrêter." Quand j'ai annoncé la nouvelle à ma boss, elle m'a juste répondu : "OK", avec une petite moue. »

ALI : de vice-président d'une banque à fondateur de start-up écoresponsables

« Je bosse 80 heures par semaine. La nuit. Les week-ends. Avion chaque semaine, hôtel premium dont tu ne profites pas. Tu te dis : "Dans un an, j'arrête", mais tu passes manager, senior manager. Cette carotte est là tout le temps. Tu dois toujours en faire plus : *You're up or you're out.*
Mais tu sais bien que tu es en train de te brûler. »

MON EXPÉRIENCE

Les conséquences de ma surcharge de travail du deuxième confinement ne se limitèrent pas à quelques cauchemars. Ma santé fut durement affectée : mentale (déprime, irritabilité, crises de nerfs, de larmes, de panique, et j'en passe) comme physique (troubles du sommeil et de l'appétit)... Mais, après tout, nous étions confinés (ou en couvre-feu, ou a minima dans un contexte de pandémie mondial, ce qui était déjà bien assez), et j'expliquais mon état par ce climat de « fin du monde » pour le moins anxiogène d'une part, et d'autre part par le froid et la nuit de l'automne parisien. Alors que je commençais tout juste mes interviews *I quit thanks* et que j'entendais des histoires de burn-out à faire dresser les cheveux sur la tête, il ne me semblait pas que ma petite déprime passagère soit un motif suffisamment robuste pour démissionner sans plan B.

La magie de Noël (et surtout celle des films au coin du feu et des chocolats) fit son effet. Quand j'ouvris mon ordi, le 2 janvier, j'avais repris du poil de la bête. Quand soudain... un mail. Puis cinq, dix, vingt. Suffocante, je dévalai les escaliers de la maison de mes parents en larmes. Au bas des marches, ma mère me dit alors : « Ma chérie, tu démissionnes. » Ma décision avait beau être prise, ses mots achevèrent de me décider. Le soir même, le top management recevait ma lettre de démission.

POUR CONCLURE…

Le Code du travail prévoit que « l'employeur s'assure régulièrement que la charge de travail du salarié est raisonnable ». Pourtant, la surcharge est un des fléaux par excellence du monde du travail, malgré des risques sur la santé mentale, comme physique, du travailleur extrêmement importants. En outre, l'un des problèmes de la surcharge, c'est qu'elle appelle la surcharge, car plus la charge augmente, plus la vigilance baisse, et donc la capacité à absorber de la nouvelle charge. Mettre les bouchées doubles en espérant retrouver un rythme normal est donc une erreur, l'issue la plus probable d'une telle situation étant de se retrouver englué dans un cercle vicieux.

— Chapitre 3 —
L'ENNUI

Lorsque vous vous plaignez de vous ennuyer au travail, vous recevez systématiquement la même réponse : « Arrête, c'est le pied, tu peux avancer sur tes sujets persos ! » C'est vrai ça, des millions de personnes sont en burn-out, tandis que vous êtes payé à ne rien faire. De quoi vous plaignez-vous ? Eh bien le problème, c'est que vous avez plutôt tendance à scroller inlassablement les pages de vos réseaux sociaux et à remplir des paniers de shopping imaginaires qu'à vous former à une nouvelle compétence, ou à monter une association caritative. Et puis, quitte à être payé à ne rien faire, vous aimeriez autant vous la couler douce sous les tropiques, un milk-shake à la banane dans une main, et un bon roman dans l'autre.

La définition de l'ennui donnée par le *Larousse* est la suivante : « lassitude morale et impression de vide engendrant la mélancolie, produites par le désœuvrement, le manque d'intérêt, la monotonie ». Nous pouvons en tirer deux conclusions : 1 - À moins d'adorer ressentir de la « lassitude », du « vide » et de la « mélancolie », personne n'aime passer le plus clair de son temps à s'ennuyer. 2 - Le « manque d'intérêt » et la « monotonie » contribuent tout autant à s'ennuyer que le désœuvrement. Autrement dit, vous pouvez avoir des journées chargées et vous ennuyer quand même. Moins médiatisé que la surcharge ou la perte de sens, l'ennui au travail n'en est pas moins un véritable fléau.

#1. EN SUIS-JE VICTIME ? — 80

#2. QU'EST-CE QUE JE RISQUE ? — 93

#1. EN SUIS-JE VICTIME ?

MON MÉTIER NE M'INTÉRESSE PAS

Si vous relisez la définition de l'ennui donnée par le *Larousse*, vous verrez qu'elle ne mentionne pas seulement le désœuvrement comme cause de l'ennui, mais aussi le « manque d'intérêt » et la « monotonie ». « Oui, et alors ... ? » me direz-vous. Eh bien, cela signifie que, même si vous êtes très occupé (voire surchargé), si vous ne ressentez pas d'intérêt pour votre métier – c'est-à-dire que vous n'êtes pas curieux, et que vous ne le trouvez ni agréable ni attirant –, de fait, vous vous ennuyez. Plusieurs raisons peuvent expliquer cela : une erreur d'orientation lors de vos études, un décalage entre vos attentes envers ce job et sa réalité, un mensonge de l'entreprise au sujet de sa mission ou de votre fiche de poste, une conjoncture économique contraignante... Quoi qu'il en soit, vous voilà à vous demander quotidiennement quel virage vous avez bien pu louper dans votre vie pour faire un métier si ennuyeux, et à passer vos dîners entre amis à redouter le moment où tombera la fatidique question : « Et toi, Stéphane, tu fais quoi, dans la vie ? »

MAE : d'analyste financière à pâtissière

« Ça ne me plaisait pas du tout. Je faisais mon travail, mais je n'avais pas d'ouverture d'esprit, je n'étais pas curieuse... parce que ça ne m'intéressait pas. Mais je culpabilisais, je me sentais inférieure aux autres, en quelque sorte... »

ZOÉ : de fiscaliste à attachée de presse dans la musique

« Je n'étais intéressée ni par la matière fiscale ni par le business. Ma boss a essayé, pendant cinq ans, de m'intéresser à la matière, de me permettre de m'épanouir. Sans succès. »

ADÈLE : de manager dans l'informatique à pâtissière

« Je perdais mon intérêt, je ne voyais pas mon impact. Je n'évoluais plus, parce que ça ne me correspondait pas. »

MATTEO : de consultant à humoriste

« Je construisais les besoins avec les métiers, et je les transmettais aux développeurs. J'avais de bons potes, on sortait tout le temps. Mais je sentais que j'en avais rien à faire de ce que je faisais. »

MON EXPÉRIENCE

En dehors de quelques rares exceptions, chacune de mes missions de conseil m'a profondément ennuyée. Lorsque mon ou ma manager m'expliquait en quoi elle consistait, je tentais de me persuader que je m'y plairais. Que cette fois-ci serait la bonne. Les phrases que j'entendais étaient toujours les mêmes : « Tu verras, le client est super sympa », « Franchement, c'est une des meilleures missions que j'aie eues de ma vie » (en y repensant, je n'ai presque aucun doute quant au fait que ce ou cette pauvre manager n'en croyait pas un mot). Pourtant, dans un délai oscillant entre un jour et une semaine selon les cas, je finissais toujours par déchanter.

Certaines missions n'avaient objectivement aucun intérêt (ressources insuffisantes ou, à l'inverse, démesurées, objectifs absurdes ou irréalisables, etc.), d'autres auraient peut-être (je dis bien « peut-être ») pu m'intéresser dans une autre vie, mais, au fond, là n'est pas la question : mon degré d'intérêt pour leur contenu était le même pour la migration des grues cendrées lors de mon stage d'observation au lac du Der, en sixième. Et, en réalité, c'était écrit dans les étoiles. À Dauphine, je m'ennuyais presque à chaque cours, et mon taux d'absentéisme augmentait dangereusement d'année en année. Je ne sais pas par quel miracle j'espérais que ma vie professionnelle serait plus trépidante.

JE N'EXPLOITE PAS TOUTES MES COMPÉTENCES, ET/OU MES TÂCHES SONT MONOTONES

Que vous ayez le brevet, le bac, ou une thèse en astrophysique, si vous exercez un métier, vous avez un certain nombre de compétences à votre actif. Or, si vous êtes contraint de ne vous cantonner qu'à une infime partie de vos capacités, outre le fait que cela provoque chez vous la désagréable sensation de gâcher votre potentiel, vous vous ennuyez. Vous aviez décroché ce job grâce à un double diplôme, à quatre stages, et à la maîtrise de langues étrangères, logiciels et autres instruments de musiques à cordes et à vent. Mais voyons la vérité en face : votre « vous » de 14 ans était déjà capable de choisir des formes et couleurs sur PowerPoint. Par ailleurs, bien que l'uniformisation et la répétition des tâches concernent plus certains secteurs que d'autres (le BTP, l'entretien et la maintenance, les centres d'appels...), de plus en plus de professions dites « intellectuelles » sont touchées, notamment compte tenu des technologies numériques et de leurs vaines promesses. Résultat : de plus en plus de métiers très, trèèès ennuyeux.

— JEAN-LAURENT CASSELY, *La Révolte des premiers de la classe*

Subrepticement, l'asservissement du travail à la machine décrit dans Les Temps modernes *de Chaplin, au sommet de l'ère industrielle, est en train de transformer l'économie contemporaine et de rattraper les salariés de la sphère cognitive [...].*

— TOM HODGKINSON, *L'Art d'être libre*

De nombreux métiers modernes exigent juste assez de concentration pour nous empêcher de rêvasser, mais pas assez pour nous occuper pleinement l'esprit.

AXEL : de chargé de com dans un musée à fondateur d'une agence de com

« On m'a fait comprendre que je ne pourrais pas évoluer au-delà d'un certain niveau de salaire et de missions... »

BILLIE : de directrice de création à cofondatrice d'une marque de parfums responsables

« C'était très spécialisé en cosmétique (parfums et soins). J'étais bonne dans ce que je faisais, mais je n'apprenais plus. »

LOUIS : de manager au sein d'un Big Four à disquaire

« J'ai bossé huit ans. Mais j'ai l'impression que c'était un an, vu que je faisais tout le temps la même chose... »

AMBRE : d'assistante en maison de disques à institutrice

« Je faisais toujours la même chose : réserver des hôtels, taxis ou restos pour mes patrons... Ce n'était pas très funky, pas très intéressant. »

ANICK : de responsable en *merchandising* visuel à coach

« Un jour, avant les soldes d'été, je me suis mise à pleurer dans ma réserve en étiquetant les soldes. Je me suis dit : "Ce n'est pas possible." J'avais la sensation de me gâcher, que ce métier n'était pas moi, que je n'exprimais pas mon potentiel. »

MON EXPÉRIENCE

Je n'ai appartenu qu'à cinq cabinets différents, et n'ai donc fait l'expérience que de quelques typologies de conseil bien précises (marketing, communication, stratégie, management, transformation ; ces trois dernières catégories étant souvent entremêlées). Loin de moi l'idée de faire des raccourcis, ou de prétendre connaître à la perfection ce monde que j'ai quitté aussitôt l'avoir rejoint ; du moins, si l'on compare mon parcours à celui d'une personne qui aurait eu la sagesse – ou la folie, selon les points de vue – de gravir patiemment les échelons de consultant junior puis senior, manager, partner, etc. Cela dit, lors de chacune de mes expériences, je dois avouer que le décalage entre le « prestige » et le salaire associés à mon titre de « consultante » et la réalité des tâches m'a beaucoup surprise.

En théorie, synthétiser et analyser des quantités parfois colossales d'informations en un temps record pour en déduire des recommandations utiles pour les clients (ou moins utiles, mais là n'est pas la question) a de quoi susciter l'intérêt. En pratique, mes tâches se cantonnaient souvent à la forme et à la formulation, plus qu'elles ne m'incitaient à creuser un sujet, ou à me creuser les méninges, pour ainsi dire ; comme je l'avais pourtant fait durant mes études (ayant, tout compte fait, atteint mon pic intellectuel en terminale scientifique, pour le voir chuter par la suite, d'année en année ; expérience sans doute partagée par mes lecteurs ayant opté pour un nébuleux « master en management »). Bref, pour une « ressource » vendue à un taux journalier atteignant parfois plusieurs milliers d'euros, je m'ennuyais atrocement.

MES COLLÈGUES ET/OU CLIENTS NE M'INTÉRESSENT PAS

Attention : il ne s'agit pas, ici, d'encourager un quelconque mépris envers vos petits camarades d'open space, ni d'affirmer que votre intelligence hors du commun, votre culture générale à couper le souffle et votre charisme à toute épreuve les rendent indignes de votre compagnie. Il est rare d'être la même personne en privé et au travail, et vos collègues ne vous laissent donc peut-être pas voir leur vrai visage. Et puis, peut-être se disent-ils de vous que vous êtes terriblement ennuyeux (eh oui, nous sommes tous ennuyeux pour quelqu'un). Cela étant dit, si vous occupez un travail à temps plein, vous passez beaucoup de temps en compagnie de vos collègues ; parfois plus qu'avec vos amis ou votre propre famille. Pour ceux qui entretiennent d'excellentes relations au travail, ce n'est pas si terrible. Il est courant de créer de merveilleuses et durables amitiés en entreprise. Mais tout le monde n'a pas la chance d'avoir gagné le jackpot à la grande loterie des collègues. Si vous ne parvenez à tirer aucun intérêt des sujets de conversation qu'ils abordent (leurs plaintes constantes, des potins aux sources douteuses, l'histoire de la charentaise au fil des siècles, ou, pire, les intolérances alimentaires de leurs enfants) alors que vous êtes contraint d'échanger avec eux à longueur de journée, fatalement... vous finirez par vous ennuyer affreusement.

MAËL : d'assistant commercial en grand groupe à fondateur d'une marque de jus bio

« Les gens étaient faux, pas passionnés, voire complètement désintéressés du travail. »

LAIA : de cheffe de projet en start-up à illustratrice

« En gestion de projet, tu éponges les humeurs des autres, tu passes plus de temps à soigner les ego de chacun qu'à te nourrir intellectuellement. »

JUNE : de cheffe de projet dans l'énergie à coach

« J'ai enfilé un masque social. Cette personne qui travaille à la Défense, dans une grande entreprise..., ça sonnait faux, ce n'était pas moi. Ça me fatiguait de travailler parmi des "pingouins dans leurs costards", pour qui la personnalité était bien cachée et avait du mal à s'exprimer. »

GABIN : d'analyste en banque à fondateur d'une marque de vêtements de sport

« La plupart des gens en faisaient le moins possible... Un jour, j'ai demandé à l'un d'entre eux pourquoi il occupait le même poste que moi alors qu'il avait 50 ans. Il m'a répondu : "Au moins, je n'ai pas la pression !" Certains collègues restaient jusqu'à 20 heures pour leur image, alors qu'ils n'avaient rien fait durant la journée... »

MON EXPÉRIENCE

L'incroyable proportion de salariés qui considèrent que le Travail, avec un grand T, doit être le sujet de conversation par excellence au bureau est l'une des plus grandes calamités du monde de l'entreprise. Alors d'accord, au travail, on parle de (attention, *spoiler*) travail. Et parfois, on doit sauter sur l'occasion de la pause pour aborder tel ou tel sujet, parce qu'il n'y aura pas d'autre moment, parce qu'on a peur d'oublier, qu'on a besoin d'extérioriser (joie, stress)..., etc. Là n'est pas le problème. Ce qui m'interpelle, c'est la quantité de collègues que j'ai eus (consultants et clients confondus) qui ne parlaient que de travail, du matin au soir, à chaque pause, aussi courte soit-elle. Comme s'ils étaient incapables de parler d'autre chose... ou plutôt, comme s'ils avaient peur de parler d'autre chose. Et c'est là que ça devient triste (l'homogénéisation, le moule, ça vous rappelle quelque chose ?).

Toujours est-il que j'ai préféré passer de nombreuses pauses déjeuner seule dehors que dans une cuisine à néons blancs, à entendre parler de réunions, de documents et d'autres choses sombres. Parmi toutes les personnes avec qui j'ai travaillé, certaines sont devenues des amies, heureusement. Je regrette simplement que la majorité d'entre elles ne m'aient jamais laissé voir leur « vrai » visage. Parce que, en réalité, tous les êtres humains ont quelque chose d'intéressant à raconter. Oui, oui, même Jacqueline de la compta.

JE NE SUIS PAS LIBRE DE CRÉER

Alors, certes, la « création » n'est peut-être pas aussi importante pour vous qu'elle ne l'est pour votre voisin peintre le matin et compositeur de sonates l'après-midi. Mais la créativité ne se résume pas à un champ très pointu cantonné à un talent artistique et opposé à tout ce qui concerne l'analyse et la logique. Pouvoir laisser libre cours à votre créativité, c'est pouvoir faire preuve d'esprit d'initiative, être force de proposition, innover, inventer, etc. Le problème, c'est que, dans de nombreux secteurs (y compris, ironiquement, des secteurs créatifs tels que la communication, le marketing ou le design, pour ne citer qu'eux), les employés voient leur esprit créatif totalement inhibé. Or voir ses semaines de travail résumées à l'exécution de tâches rébarbatives et procédurières peut vite relever de la torture, car elles nous transforment en des intermédiaires, des exécutants... – des machines, en somme. Et des machines qui s'ennuient, en plus !

– TOM HODGKINSON, *L'Art d'être libre*

Une des principales causes de l'ennui, me semble-t-il, est la disparition de la créativité dans la vie quotidienne. [...] Nous avons cédé notre créativité à des musiciens ou à des producteurs de films professionnels. Nous payons quelqu'un d'autre pour alléger notre ennui. Nous nous ennuyons à gagner de l'argent qui sera dépensé plus tard à essayer de nous désennuyer.

– ELIZABETH GILBERT, *Comme par magie*[19]

Si vous êtes en vie, vous êtes une personne créative. Vous, moi, et tous ceux que vous connaissez, descendons de dizaines de milliers d'années de créateurs : décorateurs, bricoleurs, conteurs, danseurs, explorateurs, joueurs de violons, batteurs, bâtisseurs, cultivateurs... Ce sont tous nos ancêtres communs.

19. Elizabeth Gilbert, *Comme par magie : vivre sa créativité sans la craindre*, Calmann-Lévy, Paris, 2016.

EDEN : d'asset manager en grand groupe à créateur de tiers-lieux

« J'étais un créatif dans la peau d'un gérant. Je rêvais de monter un fond solidaire où on rachèterait des îles pour en faire des éco-lodges, des endroits écoresponsables. »

CHLOÉ : de cheffe de projet en marketing à fleuriste

« Le manque d'aspect créatif de mon poste me frustrait énormément. »

PRUNE : de journaliste à actrice

« Cette dimension créative manque cruellement à mon quotidien. Or on ne peut pas passer 80 % de son temps dans un travail que l'on déteste, pour jouir, le peu de temps qu'il nous reste, d'un confort matériel. »

LOUIS : de manager au sein d'un Big Four à disquaire

« Dans ces boîtes type Big Four, la majorité y trouve son compte : appât du gain, vision "court-termiste" de leur réalité (acheter une maison, une voiture, boire un verre...). Mais moi, j'ai eu beaucoup de mal, émotionnellement, à évoluer dans ce genre de milieu. C'est un rouleau compresseur de la créativité. »

MON EXPÉRIENCE

En quatrième, j'ai effectué un stage en pharmacie. Mon rôle ? Aligner des boîtes de médicaments sur des étagères, du matin au soir (amis consultants, peut-être commencez-vous à voir où je veux en venir). Du haut de mes 13 ans, on pouvait déjà dire que je n'étais pas en extrême stimulation intellectuelle. Néanmoins, j'étais fière qu'un adulte me responsabilise, et contente de casser mon ennuyeuse routine « collège-devoirs-dodo », même le temps d'une petite semaine. Dix ans plus tard, me voilà consultante : dans un bureau parisien, dans une tour à Barcelone ou à Milan, en télétravail sur mon canapé... J'ai quitté la réserve de la petite pharmacie de ma ville d'enfance, mais je continue à aligner des boîtes. Cependant, il ne s'agit pas de Doliprane ou d'Ibuprofène, mais de formes PowerPoint, dont j'ai parfois l'honneur de choisir les couleurs et les polices des textes qu'elles contiennent, si tant est qu'elles soient sélectionnées parmi la charte graphique du client.

« Si tu voulais créer, tu n'avais qu'à être artiste ou a minima consultante en design », me direz-vous. Nous sommes d'accord, il y a eu une légère (immense) erreur d'aiguillage dans mon parcours, mais cette incapacité absolue à pouvoir laisser libre cours à ma créativité, sous quelque forme (PowerPoint) que ce soit, m'étouffait. En y repensant aujourd'hui, mon envie de créer *I quit, thanks* s'explique sûrement autant par mon envie de créer que par mon besoin d'échanger avec des démissionnaires heureux.

#2. QU'EST-CE QUE JE RISQUE ?

Encore un mot en « *out* ». Vous l'aurez compris, il ne s'agit pas d'une bonne nouvelle. Si le burn-out est aujourd'hui reconnu et bien documenté, on connaît moins bien le « bore-out » : l'épuisement professionnel lié à l'ennui. Parmi ses symptômes, on retrouve les sombres grands classiques des « maladies en out » : fatigue, stress, angoisse, troubles du sommeil, perte d'appétit, irritabilité… Vous commencez à connaître la liste. Le bore-out a toutefois une particularité : il est souvent accompagné d'un profond sentiment de culpabilité. Car il est difficile d'assumer que l'on s'ennuie à son travail, alors que d'autres sont en proie à une surcharge allant jusqu'à les empêcher de passer du temps avec leurs propres enfants… Pourtant, les conséquences de l'ennui au travail peuvent être tout aussi désastreuses sur la santé que celles d'une surcharge et/ou d'une perte de sens.

AMBRE : d'assistante en maison de disques à institutrice

« Le soir, je rentrais chez moi, je n'avais rien accompli, rien construit. Je me sentais inutile, et ça me déprimait. »

CÔME : de banquier à boucher

« Je passais les commandes, remplissais le distributeur, mettais les pièces dans les tubes de cartons... Au bout de six mois, j'avais fait le tour. Je me suis mis à m'endormir de plus en plus souvent..., au guichet, et même en réunion en petit comité ! »

JULIA : de cheffe de projet dans l'informatique à hypnothérapeute

« J'étais déprimée, triste, voire angoissée. J'ai mis énormément de temps à identifier ce qui clochait. J'ai fini par comprendre que c'était mon travail. J'avais déjà eu plein de signaux par le passé, et c'est pour ça que je changeais tous les trois ans. Mais là, j'avais fait le tour à 2 000 %, et je ne voulais pas me l'avouer. »

AXEL : de chargé de com dans un musée à fondateur d'une agence de com

« Au bout de cinq ans, j'avais un bon salaire, mais un travail qui commençait à vraiment m'ennuyer. La médecin du travail m'a dit : "Vous connaissez le bore-out, l'épuisement professionnel par l'ennui ? Attention, vous êtes en plein dedans !" J'ai été très choqué. »

JOSH : de chef de projet dans l'assurance à réalisateur indépendant

« On avait une position d'intermédiaire, et cette posture rendait les projets de com externe assez compliqués. On faisait souvent un pas en avant, deux pas en arrière, et je n'avais pas vraiment de cadre pour mettre à profit ce que je savais faire. Au début, j'étais plein d'espoir, je me disais : "Je vais pouvoir changer les choses." Mais j'ai vite déchanté, et je me suis littéralement épuisé à la tâche. À la fin de ma période d'essai, j'ai commencé à dérailler sur le plan émotionnel. J'allais bosser, mais je ne pouvais pas bosser ! On me proposait assez peu de projets intéressants. J'ai passé beaucoup de temps à créer des chartes graphiques sur PowerPoint... Au bout d'un certain temps, je ne pensais qu'à ça, je n'en dormais plus la nuit. Ça me pourrissait la vie, de m'ennuyer au boulot. »

MON EXPÉRIENCE

Lors d'une de mes expériences en conseil s'est opéré un lent glissement vers un état de déprime chronique, car je traversais de longues périodes de « rien ». Les premiers mois, j'étais pourtant convaincue d'avoir décroché le gros lot : télétravail autorisé à 100 %, des locaux plutôt agréables les rares journées où je décidais toutefois de « passer une tête », une équipe majoritairement saine et sympathique, et surtout une charge de travail bien raisonnable pour un cabinet de conseil. La durée de mes semaines de travail excédait rarement vingt-cinq heures, impliquant un taux horaire plus que réjouissant. Je cuisinais, rangeais mon appartement, bouquinais, piquais un somme ou regardais des films d'Halloween, Noël ou Saint-Valentin selon la période, bénissant le ciel qu'aucun mail ne vienne perturber ma douce quiétude.

Le problème est que, au fil du temps, cette quiétude s'est transformée en une vacuité étouffante, doublée d'une profonde culpabilité à être payée à ne rien faire, là où d'autres gagnaient si péniblement un salaire bien inférieur au mien. Plus jeune, j'avais pourtant passé de fabuleux étés en tant qu'hôtesse d'accueil remplaçante à me faire les ongles devant des séries, confortablement logée dans mon siège dans les halls d'entrée de tours désertées par des salariés en congés... Mais, des années plus tard, je n'avais qu'une envie : que l'on me donne du travail – et, si possible, du travail que j'aime. Et mon ennui me tendait le miroir de mon échec.

POUR CONCLURE...

S'il est prouvé qu'à petite dose le travail peut booster la créativité et même être bon pour le moral, s'ennuyer durablement au travail a des conséquences sur la santé. Passer ses semaines à errer dans les abîmes du spleen ne fait rêver personne (que l'on travaille dans un open space froid et humide ou chez soi au coin du feu sous un plaid imitation fourrure importe peu) ; et vous, encore moins. Car, si vous lisez ce livre, c'est que vous faites partie des chanceux pour qui le travail n'est pas un gagne-pain, mais un moyen de transformer le monde en vous transformant vous-même. Autrement dit, cela fait bien longtemps que votre objectif n'est plus de vous "planquer" (contrairement à vos années collège, et en particulier en cours de "techno", matière pour laquelle vous éprouviez un mépris aussi profond que la passion contractée dix ans plus tard pour les soirées du même nom).

— Chapitre 4 —
LES COLLÈGUES TOXIQUES

Quand on pense « collègue toxique », on pense à Miranda Priestly, le personnage principal du film *Le diable s'habille en Prada*. Chaque matin, elle jette son manteau sur le bureau de son assistante, dont elle ne daigne pas retenir le prénom. Constamment de mauvaise humeur, elle formule des demandes à la clarté douteuse et débite des réflexions piquantes à la première occasion. Dans un registre moins luxe et paillettes, il y a Michael Scott, personnage de la série *The Office*, imbu de lui-même, maladroit, macho, raciste et homophobe, pourtant convaincu d'être le boss idéal et d'avoir un humour irrésistible.

Si les boss toxiques brillamment mis en scène par nombre de films et séries de la pop culture nous font rire aux éclats, dans la vraie vie, être victime ou témoin de ce type de comportements est un tantinet moins « fun ». Une entreprise à la culture toxique est une entreprise au sein de laquelle les comportements décrits ci-dessus, ou d'autres de la même veine, sont acceptés – voire, pire, encouragés (par des rires, par exemple). Les relations entre collègues sont distendues, et jalousie et coups bas sont monnaie courante, si bien que l'on se croit parfois de retour en maternelle ou emprisonnés dans un vivarium. L'atmosphère y est au mieux morose, au pire suffocante. Bref, il n'y a vraiment que dans les fictions que Miranda et Michael nous font rire.

#1. EN SUIS-JE VICTIME ? — 100

#2. QU'EST-CE QUE JE RISQUE ? — 113

#1. EN SUIS-JE VICTIME ?

JE SUIS FRÉQUEMMENT VICTIME OU TÉMOIN DE COMPORTEMENTS ODIEUX

Les personnes toxiques ont des personnalités multiples : intrusives, râleuses, malveillantes, agressives, jalouses... Si certaines d'entre elles parviennent à dissimuler leur vraie nature en entreprise, d'autres n'y parviennent pas (ou ne veulent d'ailleurs pas se donner cette peine). Pour autant n'est pas toxique tout collègue dont la tête ne vous revient pas. Voici donc quelques exemples de comportements objectivement toxiques : intimider, humilier, adopter une attitude double, changer souvent d'humeur, propager des rumeurs, limiter la communication au minimum, manipuler, discriminer, manipuler, harceler, etc. Pour l'entreprise, ces attitudes sont à l'origine d'une dégradation du lien social, d'un taux d'absentéisme et d'un nombre d'arrêts maladie élevés, et d'un important turnover. Et ça ne nous étonne pas trop.

— NICOLAS BOUZOU ET JULIA DE FUNÈS,
La Comédie (in)humaine

Nous avons croisé des managers qui ne disaient pas bonjour aux personnes qu'ils rencontraient dans leur entreprise, visiblement trop absorbés par une réflexion de haute volée [...]. Ne pas dire bonjour à un collaborateur, c'est le considérer comme un objet.

GREG : d'animateur radio à slasheur fondateur d'un podcast/ coach

« Mon management devient alors toxique : pression inutile, reproches... Mon entretien d'évaluation est une guerre psychologique de deux heures. "Tu es trop susceptible..." : défense plutôt classique dans le cas de harcèlement. »

ELVIE : d'assistante de direction artistique dans le luxe à fondatrice d'une marque de mode éthique

« J'étais Assistante de direction artistique. Un peu la vie d'Anne Hathaway dans *Le diable s'habille en Prada*. Courir chercher un déjeuner ou un bouquet de fleurs avant qu'Anna Wintour arrive. »

FLORE : de commerciale dans l'informatique à hypnothérapeute

« J'ai rejoint une start-up au sein d'un grand groupe. Super feeling en entretien, mais, dès mon premier jour de travail : grosse désillusion. L'ambiance était très tendue. »

LÉON : de directeur dans l'optique à coach

« J'ai constaté cet "esclavagisme moderne" que je n'avais encore jamais autant remarqué. Traiter les humains comme des moins que rien, je n'accepte pas. »

MON EXPÉRIENCE

J'ai découvert très tôt les joies de la toxicité en entreprise. L'été de mes 18 ans, j'ai été équipière chez McDo. Le premier jour, j'ai oublié d'apporter à un client sa boîte de quatre nuggets. Un manager en chemisette noire et équipé d'un micro-casque s'est alors planté devant moi, m'a foudroyé du regard, et m'a dit, d'un ton cinglant qui résonne encore dans mes oreilles à ce jour : « Mais qu'elle est bêêêêêêêête, celle-làààààà ! » Mais permettez-moi de vous partager une histoire plus récente (et traumatisante).

J'ai été brièvement « managée » par une personne qui était l'incarnation même du mépris (de la Parisienne envers le « provincial », de la manager envers le junior, de la consultante envers le client, etc.). Nous l'appellerons « Mélodie ». Un flot continu de méchancetés se déversait de sa bouche, que son charisme et sa prestance faisaient vite oublier. Le diable a un visage d'ange. Pendant deux mois, nous coorganisons un séminaire. Mais, durant les trois jours de l'événement, je tombe des nues : elle ne daigne pas m'adresser un mot ni un regard, alors qu'elle est très chaleureuse avec le reste de l'équipe ! Quand j'entre dans une pièce, elle la quitte. Quand je commence une histoire, elle sort son portable. Quand elle fait un tour de table, elle m'ignore. Etc. Je suis dévastée, et surtout hantée par l'idée que j'avais peut-être dit ou fait quelque chose de mal, voire de grave. Je perds l'appétit, puis le sommeil. Le soir, je pleure. Et voilà : après des années à avoir dupé le monde entier, et moi-même, la vérité éclate au grand jour : je suis stupide, je suis nulle, mon existence est dénuée de sens. Mais ma paranoïa ne dure que quelques jours. Je prends contact avec d'anciens employés : Mélodie a précipité le départ de plusieurs personnes qui, ayant été victimes ou témoins de son comportement, ont pris leurs jambes à leur cou. Ouf ! Enfin, quoique...

MON TRAVAIL N'EST PAS RECONNU À SA JUSTE VALEUR

Quand on dit « reconnaissance au travail », bien souvent, on pense « salaire ». Bien sûr, il a toute son importance. Si nous travaillons, c'est bien pour gagner de l'argent, afin de subvenir à nos besoins plus ou moins élémentaires, du paiement de notre loyer à l'achat de gadgets vraiment *life saving* qui nous aident à faire rentrer la couette dans la housse de couette, par exemple. Cependant, bien que la perception de ce que devrait être la reconnaissance au travail – et l'importance qu'on lui attribue – varie d'un individu à l'autre, rares sont ceux pour qui elle se résume à quelques euros en plus sur une fiche de paie. On attend aussi, et surtout, une reconnaissance par des mots (un remerciement, un encouragement, des félicitations...) et par des actes (se voir confier une mission, prendre part à un projet, être responsabilisé, avoir des perspectives d'évolution intéressantes...). Autrement dit, si vous travaillez, et surtout si vous vous donnez corps et âme, vous espérez que vos compétences, vos qualités ou encore la qualité de votre travail et de vos réalisations seront valorisées, et que l'on vous ouvrira les portes vers la formation et le développement que vous méritez. La considération est l'une des conditions sine qua non au maintien de la motivation sur le long terme. Et, devinez quoi ?, l'ingratitude provoque tout l'inverse.

LYS : de cheffe de projet en communication à *digital nomad*

« Quand j'ai essayé d'évoluer vers un poste en digital, j'ai été cloisonnée, parce que ce n'était pas "mon domaine de prédilection" ; et ce, alors que j'avais largement fait mes preuves. »

MARC : de consultant sportif à restaurateur

« Après deux ans, je n'ai toujours pas évolué. Les paillettes du début s'estompent, tu réalises que tu charbonnes, tu fais des heures de fou, tu es payé au lance-pierre. »

LUCIE : de photographe de mode salariée à photographe en freelance

« L'ambiance y était terrible. J'étais vue par mes boss comme une poule aux œufs d'or, qui leur donnait accès à tout son réseau de maisons et de marques. En plus, j'étais sous-payée et traitée comme du bétail... »

GINA : d'ingénieure à blogueuse pour mamans

« Je ne réclamais jamais d'augmentation, mais, une année, alors que j'avais beaucoup travaillé, j'ai osé... Et on m'a répondu "non" ! Je me suis rendu compte que, quoi qu'il arrive, je gagnerais autant. Et je me suis alors moins investie... La démotivation m'a gagnée. »

MON EXPÉRIENCE

J'ai vécu une situation assez cocasse, suite à laquelle j'ai compris que je ne devrais plus attendre la moindre reconnaissance au sein du top management de cette entreprise. Durant des mois, je me portais volontaire sur toutes les missions nécessitant des petites mains. J'apparaissais sur une mission dont je n'avais aucune idée du contenu, le temps d'un jour ou deux, pour effectuer des tâches toutes moins gratifiantes les unes que les autres : prise de notes « bête » lors de réunions que je ne comprenais pas, mise en forme de documents que je n'avais pas construits, etc. Il me semblait normal de me rendre disponible : d'une part, l'entreprise avait perdu de nombreuses ressources suite au covid, et, d'autre part, j'étais de loin la plus junior, alors... *who else* ?

Lors de mon évaluation de fin d'année, je fus encensée : quelle adaptabilité, quel travail de qualité, et toujours avec le sourire, en plus ! Ouf, mon travail était reconnu. Quelle ne fut pas ma surprise d'obtenir la prime minimum quelques semaines plus tard. La raison ? Accrochez-vous bien : « On a eu des personnes qui ont cessé leurs efforts après l'obtention de leur prime. Donc, désormais, on préfère donner le minimum et réajuster plus tard, si on constate que ta motivation reste la même. » Je vous laisse deviner l'impact de leur argumentaire vaseux sur ma motivation. *Spoiler* : je démissionnai trois mois plus tard.

JE CROULE SOUS LE POIDS DE LA HIÉRARCHIE, ET/OU JE SUBIS DU MICRO-MANAGEMENT

En théorie, le modèle hiérarchique est efficace, car il instaure une discipline permettant à chaque division d'optimiser sa productivité. En pratique, nombreuses sont les entreprises au sein desquelles une hiérarchie étouffante, au-delà du fait qu'elle crée des situations cocasses ou ridicules, est nocive : réduction du rôle des managers à celui d'intermédiaires entre le top management et les équipes, repli sur soi et dégradation du lien social face à tant de fractures, mauvaise circulation des informations, abus de pouvoir et décisions injustes, etc. Autre fléau : le « micro-management », qui consiste à mettre une pression constante et injustifiée, à porter une attention démesurée aux détails, à contrôler les moindres faits et gestes de leur équipe, etc. Ces petits chefs en mal de leadership vous plombent le moral et entraînent votre désengagement. Ah, et aussi : c'est une machine à faire fuir les gens.

— NICOLAS BOUZOU ET JULIA DE FUNÈS, *La Comédie (in)humaine*

Les managers exhortent les salariés à innover, à être autonomes, voire audacieux. Mais, en pratique, les collaborateurs sont aux prises avec des managers, des process et des réunions qui les empêchent, justement, de faire preuve d'autonomie [...]. Certains process sont nécessaires. Ce n'est pas la règle elle-même qui est mauvaise, mais sa prolifération [...]. Dépasser signifie penser ce que l'on est censé appliquer, et n'agir que si l'action a un sens. Pour cela, l'esprit doit être premier, le process second, et non l'inverse.

— TOM HODGKINSON, *L'Art d'être libre*

Chesterton a écrit sur les rapports entre organisation et efficacité. « On nous a appris que l'organisation est synonyme d'efficacité [...]. Il serait bien plus exact de dire que l'organisation est synonyme d'inefficacité. » Il démontre que les grandes organisations sont nécessairement, et par nature, inefficaces en raison de leurs chaînes humaines sans fin. Plus une organisation est grande, moins cela fonctionne. Les petites entités sont plus efficaces. La façon la plus efficace de produire un chou est de le cultiver soi-même.

LAURIE : d'analyste en M&A à actrice

« La hiérarchie y était très présente, la règle était que je ne pouvais pas partir avant mon N+1, quelle que soit l'heure... Le télétravail ne faisait bien sûr pas partie de la culture, même quand ça aurait pu être possible. »

JOSÉPHINE : de cheffe de projet dans l'événementiel à coach

« Tout faire valider, le cadre imposé du lundi au vendredi, faire valider ses vacances... Cette mission m'a fait réaliser que je n'en pouvais plus d'être prisonnière. »

GABIN : d'analyste en banque à fondateur d'une marque de vêtements de sport

« J'avais envie de lancer plein d'actions, mais il fallait toujours passer par d'innombrables process de validation... Ça prend des mois, voire plus..., si ça aboutit. »

LAIA : de cheffe de projet en start-up à illustratrice

« Mes heures passées sur chaque mission étaient tracées par mon boss. Pas dingue pour l'estime de soi. »

VICKIE : de manager dans le nucléaire à fondatrice d'une solution pour réduire l'impact des entreprises sur l'océan

« J'avais l'ordre de me taire, en réunion. J'avais l'impression d'avoir passé l'âge. »

MON EXPÉRIENCE

Dans l'un de mes cabinets de conseil, la structure hiérarchique était pour le moins originale : une dizaine d'associés, une poignée de consultants seniors et managers, et une armée de consultants juniors, de soldats, de fourmis, d'ouvriers, bref de petites mains. Une structure en sablier plutôt qu'en pyramide, en somme. Après tout, pourquoi pas : certaines entreprises parfaitement fonctionnelles sont peut-être organisées ainsi. Ce qui était problématique, c'est que cette fameuse armée de juniors était tout à fait livrée à elle-même, compte tenu du fait que les malheureux consultants seniors et managers étaient trop peu nombreux pour se répartir l'ensemble des nouveaux arrivants (et qu'ils étaient donc presque tous en burn-out).

Résultat : de nombreux juniors, dont moi, avaient chacun pour superviseur direct un ou une associé·e. Ces superviseurs étaient certes différents, mais ils étaient tous expérimentés, puissants et très occupés, et ils s'étaient surtout passé le mot sur un certain nombre de pratiques délicieuses. Parmi elles : ne pas apprendre nos prénoms, ne jamais dire « s'il te plaît » ou « merci »... Mais aussi : nous dicter ce que nous devions écrire sur un slide à la virgule près, imprimer un document de centaines de slides et faire des retours au Bic, avec une écriture de médecin que nous devions ensuite retaper à l'ordinateur (merci pour ces nombreuses nocturnes inutiles..., et pour les forêts, aussi)... Si on vous demande, en entretien, si vous « aimez travailler sous la pression », et que vous savez qu'au fond de vous, la réponse est « non », ne faites surtout pas comme moi. Écoutez-vous et ne répondez pas : « Oui, bien sûr ! J'ai toujours adoré ça ! » Simple conseil.

J'ÉVOLUE DANS UNE ATMOSPHÈRE DÉMESURÉMENT COMPÉTITIVE

L'esprit de compétition, inculqué dès le plus jeune âge dans certains établissements, et parfois même au sein du cocon familial, peut être une qualité. Après tout, qu'y a-t-il de mal à chercher à se dépasser ou à avoir de l'ambition ? Cependant, pour certaines personnes, la frontière entre « avoir de l'ambition » et « écraser les autres » est un peu floue. Plutôt que de faire preuve de cohésion, d'entraide et de collaboration – qualités clés en entreprise –, elles se comparent à leurs collègues, rabaissent leurs réalisations, dénigrent leurs manières d'être ou de faire, voire les rabaissent auprès de la hiérarchie. Si ladite hiérarchie est, elle-même, composée d'une ou plusieurs personnes toxiques, adopter un tel comportement est le meilleur – voire l'unique – moyen de se faire connaître, d'être responsabilisé, ou encore d'être promu. Une culture de compétition constante en entreprise est d'autant plus déplorable qu'au-delà de la solitude et de la déprime qu'elle engendre chez tout employé sain, elle est contradictoire avec l'essence même de l'entreprise, à savoir un groupe de personnes fédérées autour d'un objectif commun, et donc censées se serrer les coudes... Enfin, dans le monde des Bisounours uniquement, semblerait-il.

– TOM HODGKINSON, *L'Art d'être libre*

Les salariés dans les entreprises sont encouragés à se faire concurrence. [...] La volonté de battre son concurrent à tout prix mène à des conditions de travail très dures pour les salariés. La volonté de gagner, le besoin d'une croissance infinie, le système de l'actionnariat conduisent à des pratiques cruelles, à des actes de sabotage et à la perte de plaisir dans le travail.

OSCAR : de chef de projet dans l'automobile à prof de yoga

« Un jour, on a été rachetés par un gros groupe. Et là, certains ont dévoilé leur vrai visage... Chacun faisait son truc dans son coin, voulait se faire bien voir des nouveaux. Il n'y avait plus de partage, plus d'humanité... »

KATE : de cheffe de projet en start-up à consultante *food* en freelance

« J'ai intégré une grande agence pour mon stage de fin d'études. Mais j'ai déchanté. Je me suis rendu compte que ces milieux étaient trop compétitifs pour moi : peu d'entraide, peu de bienveillance. »

ANNA : de webmaster à DJ

« Je suis tombée sur une équipe très anxiogène. J'y ai subi énormément de pression, et de harcèlement moral. Il y avait beaucoup de compétition entre les prestataires pour être internalisées. Elles me mettaient des bâtons dans les roues pour se faire bien voir. Mais moi, ce n'était pas mon objectif. J'étais arrivée en mode Bisounours... Du coup, j'ai mal joué mes cartes. Naïvement, je restais silencieuse et pensais que je serais jugée à la qualité de mon travail. Je n'ai pas su faire face. Au bout de quelques semaines, j'ai alerté mon agence qu'il n'y avait aucune solidarité, que ma binôme me formait mal, afin que je ne devienne surtout pas meilleure qu'elle. J'ai été très déçue de leur réaction : "C'est un gros client, tiens le coup." C'était coup bas sur coup bas. Même ma manager m'a piégée. Elle m'a autorisé deux jours de télétravail, et, suite à ces deux jours, a appelé mon agence pour dénoncer mon absence... »

MON EXPÉRIENCE

À 18 ans, j'ai rejoint une classe de prépa commerciale, voie scientifique. Grave erreur ! En prépa, il faut avoir une colossale force de travail et l'esprit de compétition. Or mon « moi » de 18 ans ne possédait ni l'un ni l'autre. J'ai vite compris que, si je voulais m'en sortir, je devrais les développer, et vite. La force de travail, c'était possible, en théorie du moins. Mais l'esprit de compétition, pas du tout. L'ambiance entre élèves n'était pas nauséabonde, loin de là, mais côté profs, c'était une tout autre histoire.

Des phrases quotidiennes comme : « Ne soyez pas trop gentil avec vos collègues. Ils pourraient devenir meilleurs que vous. Et alors, vous n'irez pas à HEC[20], peut-être à l'ESSEC, à la rigueur, mais vous verrez votre salaire annuel chuter de x milliers » me mettaient profondément mal à l'aise (moi qui rêvais pourtant à l'époque de devenir cette business woman new-yorkaise dont je vous parlais dans l'avant-propos, et qu'un crochet par HEC aurait grandement aidée). Je n'ai rien contre le système de concours. Les places sont limitées, c'est un fait. Ce qui m'a posé problème, c'est la volonté des profs de nous inculquer cet état d'esprit de « requins », de nous liguer les uns contre les autres. J'ai traversé l'année en touriste, et j'ai candidaté à la fac au printemps. En juin, je fus gentiment congédiée, à cause de (grâce à ?) ma moyenne de maths de 3/20. À l'aube de ma trentaine, je n'ai toujours pas la moindre once d'esprit de compétition. J'en ai longtemps eu honte. Aujourd'hui, je l'assume complètement.

20. HEC (École des hautes études commerciales de Paris) et l'ESSEC (École supérieure des sciences économiques et commerciales) sont de grandes écoles de commerce situées à Paris, aux concours d'entrée extrêmement sélectifs.

#2. QU'EST-CE QUE JE RISQUE ?

Vous éterniser dans un environnement de travail toxique finira, à coup sûr, par vous faner au moins aussi vite que le malheureux ficus de l'accueil. Certes, nous n'avons pas la même résistance face à la toxicité, et certains d'entre nous ont la fascinante capacité de se bâtir une carapace émotionnelle (ce qui est, à vrai dire, un sacré atout dans le monde du travail). Cela dit, si nous posons l'hypothèse que vous êtes une personne saine, aucun mécanisme de protection, aussi robuste soit-il, ne vous permettra de rester indemne face à des comportements toxiques répétés – que vous en soyez la victime ou le simple témoin. Appréhension, stress, perte de confiance en soi, chute de motivation, baisse de performance, dépression... sont autant de risques que vous encourez à rester coincé trop longtemps dans un tel nid de guêpes. En outre, la toxicité est d'autant plus dramatique qu'elle peut être contagieuse. Vous souvenez-vous de ce manager aux méthodes et pratiques douteuses et insupportables s'autoproclamant « vieux de la vieille » ? Il ne fait probablement que mimer des schémas nocifs dont il a lui-même été victime par le passé (non pas, bien sûr, que ça l'excuse). Et vous ne voulez surtout pas devenir comme lui, si ?

KATE : de cheffe de projet en start-up à consultante *food* en freelance

« J'étais un peu comme une boxeuse : je me prenais coup sur coup, sans me rendre compte que j'étais sonnée. Un jour, j'ai explosé en larmes au téléphone avec mes parents. »

TIANA : de cheffe de projet dans l'événementiel à fondatrice d'une épicerie fine responsable

« La personne qui me dirigeait était très méchante, parlait mal à ses employés... Le turnover était énorme ! Je n'avais plus du tout confiance en moi. Je rentrais en pleurs, je disais à mes collocs : "J'ai l'impression d'être un boulet !" »

LAIA : de cheffe de projet en start-up à illustratrice

« Les boss de ma start-up n'avaient que deux ans de plus que moi, et quasi zéro expérience. Les stagiaires se faisaient humilier. La direction employait des pratiques sexistes et humiliantes. Et elle me demandait tout le temps : "Mais tu fais quoi, en fait, toi ?" Étrangement, quand j'ai *quit*, mes maux de ventre se sont arrêtés. »

JOY : de directrice marketing à fondatrice d'un réseau de femmes entrepreneures

« Je fais mes preuves, toute la boîte m'apprécie. Mais cette personne fait des pieds et des mains auprès de la direction pour que je sois renvoyée. Je me dis : "Je ne suis pas faite pour le monde de l'entreprise, je vais y laisser ma peau. Depuis que j'ai quitté mon premier poste, c'est la descente aux enfers." Je suis égarée. »

MALO : de chef de projet dans le luxe à fondateur d'une application qui réinvente la pause déjeuner

« Mon boss, dans ma dernière boîte dans le luxe, était une caricature : des cheveux longs, de grosses lunettes, le pas vif, qui passe et nous balance : "C'est trop grossier, ça !" alors qu'on travaille comme des acharnés depuis une semaine. J'avais des idées sous la douche, la nuit... J'en ai parlé à mes collègues, et ça leur arrivait aussi. Je me suis dit : "C'est quoi, cette boîte de fous ?" J'ai fini par aller voir mon médecin, qui m'a annoncé que j'étais en situation de harcèlement. Pourtant, je pensais que j'étais en maîtrise totale de la situation. »

TATIANA : de cheffe de projet dans les médias à coach pour personnes en préretraite

« Un des dirigeants était malhonnête. J'ai compris plus tard qu'il utilisait l'asso pour se faire connaître en vue d'entamer une carrière politique. [...] À la fin de mon service civique, il m'a proposé un CDD. Il m'a dit : "J'ai besoin de toi, je vais construire une carrière politique." Puis il n'a parlé que de lui. Je suis ressortie de là assez choquée et triste. Je me demandais si tout cela était légal. Mais on m'a dit : "On ne refuse pas un CDD en plein covid !" J'avais peur d'un chômage sans fin. J'ai décidé d'accepter le contrat. Ça a été une lente descente aux enfers. Un jour, il m'a même injustement hurlé dessus devant mes collègues. La nuit, je serrais les mâchoires inconsciemment, car je passais toutes mes journées sur la défensive. »

MON EXPÉRIENCE

Vous vous souvenez de Mélodie ? Celle qui m'avait causé de nombreuses nuits blanches à cause de son mépris gratuit ? Suite au fiasco de notre première mission, j'évite soigneusement de travailler avec elle durant un an. Mais, à deux reprises, je suis appelée en renfort sur des événements qu'elle anime. Lors du premier, elle m'accorde autant d'intérêt qu'à une mouche (peut-être même moins). Lors du second, elle ne m'adresse la parole qu'une fois : pour me demander, d'un ton mielleux, de passer une commande de quatorze *bo buns* pour les organisateurs, personnalisés selon les goûts de chacun (coriandre, cacahuètes, etc.). Mais, cette fois, elle ne se contente pas d'être odieuse avec moi. Les choses prennent une tout autre ampleur. Le lendemain de l'événement, elle décide, pour des raisons obscures, de répandre la rumeur que j'ai « travaillé n'importe comment » (« arrivée en retard et partie en avance », « mauvaise posture client »...). Elle ne l'avait pas prévu, mais ses propos parviennent à mes oreilles.

Les mêmes troubles de l'appétit et du sommeil que ceux survenus suite à notre toute première mission surviennent... En pire, car, cette fois, je suis victime de diffamation. Heureusement, grâce à des retours écrits de tous les autres membres de l'équipe qui démentent l'ensemble de ses dires, je prouve au top management qu'elle ment. Je suis convaincue qu'elle ne restera pas impunie, mais je déchante vite. Les dirigeants décident de cacher la poussière sous le tapis, pour des raisons que je ne peux décemment vous évoquer ici (dignes d'un scénario hollywoodien : à vos imaginaires !). À l'heure où j'écris ces lignes, Mélodie occupe toujours son poste, dans l'impunité la plus totale.

POUR CONCLURE…

Une entreprise possède une culture d'autant plus toxique que ses dirigeants fermeront facilement les yeux sur ce genre de comportements nocifs plutôt que d'user de leur pouvoir, que dis-je, de leur devoir légal de protéger leurs salariés. Si la toxicité en entreprise revêt de multiples visages et pourrait faire l'objet d'un ouvrage à part entière, voici, malgré tout, quelques derniers petits exemples pour la route : un écart entre les valeurs affichées et les actes, un culte du secret, une absence de droit à l'erreur, la désignation collective tacite d'un ou plusieurs boucs émissaires, un management déplorable, un leadership qui reste dans sa tour de verre, une contrainte au présentéisme, etc. Autant de pratiques médiévales qui feraient blêmir les scénaristes de *Retour vers le futur…*, qui espéraient que, dès l'an 2015, nous nous déplacerions sur des hoverboards multicolores.

FICHE #1.

Ne serait-il pas temps que je parte ?

#1. « Je-ne-veux-pas-travailleeeeer ! » Heureusement, il y a d'autres choses dans la vie. Et justement : quelle place attribuez-vous au travail par rapport aux autres domaines de votre vie ?

Vous pouvez commencer par classer ces domaines (famille, amis, amour, loisirs, santé, argent, endroit où vous vivez...), puis intégrer le travail à votre classement.

....

....

....

....

....

....

....

....

....

....

....

#2. Quels éléments vous déplaisent dans votre job actuel ? Et pourquoi ?

Exemples : Vos missions et tâches, votre manque de liberté, vos perspectives d'évolution, vos rapports avec vos collègues, le « sens » que vous trouvez à votre job, votre équilibre, votre salaire...

#3. Quels sont les impacts sur les autres domaines de votre vie ?

#4. Confortablement logé dans votre canapé, un énorme saladier de popcorn (team salé ou sucré ?) sur les genoux, vous lancez la série Netflix de votre vie professionnelle : que pensez-vous du héros/de l'héroïne ?

....

....

....

....

Et de l'histoire ?

....

....

....

....

....

#5. Projetons-nous dans dix ans : vous avez un job de rêve (mais si, je vous promets). Quel(s) conseil(s) votre « vous » futur vous donne-t-il ?

....

....

....

....

#6. Alléluia, vous avez enfin démissionné ! Après une fabuleuse fête aux côtés de vos proches, vous voilà prêt·e à démarrer la suite. Mais attendez…, de quelle suite parle-t-on ?

Exemples : Entreprendre, me reconvertir, les deux, aucun des deux (prendre une pause, exercer le même métier mais dans une autre entreprise), prendre une pause...

Si vous savez, soyez précis. Et si vous ne savez pas..., pas de panique, la deuxième partie de cet ouvrage est là pour ça.

3 actions à mettre en place dès demain pour poursuivre ma réflexion :

2

JE DOIS PARTIR, MAIS POUR FAIRE QUOI ?

CHAPITRE 1 • L'ENTREPRENEURIAT — 129
CHAPITRE 2 • LA RECONVERSION — 161
CHAPITRE 3 • CHERCHER SA VOIE — 191

IL VOUS SEMBLE DÉSORMAIS CLAIR COMME DE L'EAU DE ROCHE QU'IL EST GRAND TEMPS DE PRENDRE VOTRE ENVOL. Problème : d'accord pour partir, mais... pour faire quoi ? Car c'est bien cela, le souci avec la démission : au-delà des très nombreux freins auxquels nous faisons face (et sur lesquels nous reviendrons), nous sommes souvent tentés de rester dans un job qui nous rend malheureux, pour la simple et bonne raison que nous n'avons pas la moindre idée de ce que nous pourrions faire après. Une démission est un processus qui peut être long et coûteux. Démissionner, c'est du temps. Démissionner, c'est de l'énergie. Démissionner, c'est (presque toujours) risqué. Il est donc naturel de se dire que l'on n'est « finalement pas si mal ici ».

Pourtant, si vous vous êtes procuré cet ouvrage, c'est bien que votre job actuel ne vous convient pas. La bonne nouvelle, c'est que, quels que soient votre profil, votre expérience, vos compétences, vos qualités, vos aspirations, votre couleur préférée et votre signe astrologique, il existe au moins un job dans lequel vous serez épanoui. Un job grâce auquel vous pourrez enfin rejoindre le cercle très restreint des chanceux qui sont « heureux de se lever pour aller travailler ». Certes, trouver sa voie est une quête (très) complexe, mais n'oubliez pas votre chance : celle de pouvoir vous poser ces questions, celle de vivre dans un pays et à une époque où il existe des solutions. Et puis, si vous cherchez quoi « faire de votre vie », c'est bien que ladite vie n'est pas en danger (à cause d'une guerre ou d'une maladie grave, par exemple). Voilà qui devrait vous redonner un peu de baume au cœur.

Dans cette deuxième partie, vous découvrirez un aperçu des chemins que vous pouvez emprunter si vous démissionnez, ainsi que des exemples de questions à vous poser pour chercher votre voie... ou vos voies.

OBJECTIFS

- Vous rassurer quant à l'immensité du champ des possibles qui s'offre à vous.
- Enclencher votre réflexion sur l'après, dès aujourd'hui.

« DIFFICILE, TRÈS DIFFICILE… JE VOIS BEAUCOUP DE COURAGE ET DES QUALITÉS INTELLECTUELLES AUSSI. IL Y A DU TALENT, OH OUI, ET UN GRAND DÉSIR DE FAIRE SES PREUVES. ALORS, OÙ VAIS-JE TE METTRE ? »

J.K. ROWLING, *HARRY POTTER À L'ÉCOLE DES SORCIERS*

— Chapitre 1 —
L'ENTREPRENEURIAT

IBM, Amazon, Microsoft, Disney, Google, Nike..., autant d'empires tentaculaires nés, dans des garages, de la fusion de cerveaux d'étudiants boutonneux à grosses lunettes. Nous sommes biberonnés aux *success stories* d'entrepreneurs supposément partis de rien. Si elles sont de beaux modèles de force de travail et de persuasion, « réussir en tant qu'entrepreneur » rime-t-il forcément avec « devenir milliardaire et être à la tête d'un empire tentaculaire » ? Si Elizabeth Holmes (fondatrice de la start-up Theranos censée révolutionner le test sanguin, condamnée à onze ans de prison pour escroquerie) avait une machine à remonter le temps, elle répondrait sûrement que « non », et elle décrocherait le poster de Steve Jobs qui était placardé dans sa chambre d'ado.

« Entreprendre » ne désigne ni plus ni moins que le fait de donner vie à un projet. Un *side project*, par exemple (nous reviendrons sur ce terme), même s'il n'est pas monétisé, est donc une forme d'entrepreneuriat. Cependant, c'est bien d'entrepreneuriat entendu comme création d'une activité économique dont nous allons parler. Alors... que diriez-vous de dire adieu à votre patron ?

#1. DEVRAIS-JE L'ENVISAGER ? — 130
#2. QU'AI-JE À Y GAGNER ? —138
#3. MA VIE SERA-T-ELLE TOUTE ROSE ? — 147

#1. DEVRAIS-JE L'ENVISAGER ?

J'AI TOUJOURS RÊVÉ DE NE PAS AVOIR DE CHEF

Vous êtes *born to be an entrepreneur*. Vous agrémentez, semaine après semaine, une note sur votre téléphone d'idées de business des plus grotesques aux plus géniales. Une pile de livres sur l'entrepreneuriat trône sur votre table de nuit. Votre mantra ? « Si vous ne travaillez pas pour vos rêves, quelqu'un d'autre vous embauchera pour travailler pour les siens » (Steve Jobs). La légende dit même que vos premiers mots n'étaient ni « papa » ni « maman », mais « incubateur » et « licorne ». Sans aller jusque-là, vous avez tout simplement toujours su que vous deviez être votre propre patron. Une petite voix retentit régulièrement dans votre tête pour vous le rappeler. En particulier, dans les situations difficiles au travail : une altercation avec votre hiérarchie, une déception suite à une évaluation, des bâtons dans les roues de ce projet qui vous tenait tant à cœur… Mais entreprendre requiert l'alignement d'un certain nombre de planètes : la bonne idée au bon moment, les compétences, les fonds, le ou les bons partenaires, etc. Jusqu'ici, ça n'était pas arrivé. Et si c'était enfin le bon moment ?

HUGO : d'analyste en M&A à cofondateur d'une start-up dans la seconde main

« J'ai du mal à m'impliquer dans un projet qui n'est pas le mien. J'ai toujours su que je ne rejoindrais jamais une énorme boîte pour un produit que je n'ai pas créé. »

CASSIE : de juriste dans un grand groupe à slasheuse pâtissière/coach

« J'ai toujours voulu entreprendre. J'ai même créé une entreprise de robes et accessoires de mariage, il y a quelques années. »

JOSH : de chef de projet dans l'assurance à réalisateur indépendant

« Je savais que j'avais envie d'être à mon compte tôt ou tard. »

GABIN : d'analyste en banque à fondateur d'une marque de vêtements de sport

« J'ai toujours eu besoin que les choses se fassent à ma façon. Malgré tout, j'ai attendu d'avoir trois ans d'expérience avant de me lancer. »

TIM : de trader de matières premières à fondateur d'une marque de gin bio

« Je rêvais d'avoir une liberté qui me sortirait de ce métro-boulot-dodo. Je rêvais d'être animé par un projet que j'aurais construit, de devenir mon propre patron. Mais mon quotidien de salarié m'étouffait cette envie. »

MAX : de commercial à fondateur d'une solution d'aide à la reconversion

« Quand tu es salarié, tu rapportes plus à ton employeur que ce qu'il te paie. Et tu rends tout le temps des comptes. Pourquoi ne pas tenter de travailler pour soi ? »

JE N'AURAIS JAMAIS PENSÉ ENTREPRENDRE, MAIS J'AI CHANGÉ

Peut-être l'entrepreneuriat ne vous a-t-il jamais attiré. Lorsqu'on vous questionnait sur le sujet, votre réponse était toujours la même : « Cirer les pompes d'investisseurs à longueur de journée, gérer de la paperasse, galérer financièrement, très peu pour moi ! » Pour autant, nous changeons d'avis sur les choses tout au long de notre vie, et heureusement, sans quoi celle-ci serait sacrément ennuyeuse. Vous pouvez revoir votre perception de l'entrepreneuriat suite à une ou plusieurs expériences déceptives dans le salariat : le fait d'être salarié comporte un certain nombre d'avantages, à commencer par la sécurité financière, mais c'est un choix qui vient avec son lot de contraintes et de risques. Ou, à l'inverse, vous pouvez souhaiter entreprendre alors que vous ne ressentez pas la moindre animosité envers le salariat, mais parce qu'une expérience de vie, un élan de curiosité, une pulsion aventurière, un simple instinct ou un pur hasard vous donnent envie de vous lancer. Si tel est le cas, vous avez d'autant plus intérêt à tenter que, si par malheur votre aventure entrepreneuriale devait se solder par un échec, vous n'auriez aucun problème avec le fait de signer à nouveau un contrat au sein d'une entreprise. Rien à perdre, tout à gagner, en somme.

BILLIE : de directrice de création à cofondatrice d'une marque de parfums responsables

« Dans le salariat, ce qui me pesait le plus, c'était de devoir toujours faire plaisir, d'arrondir les angles, de ne pas pouvoir vraiment dire ce que je pensais, parce que c'était "le client" ou "le patron"... Finalement, on fait trop rarement ce qu'on veut. »

MATTIS : de directeur juridique à fondateur d'une solution pour simplifier la réponse aux appels d'offres

« Je ne voulais plus consacrer 70 heures par semaine pour d'autres personnes et pour un projet qui n'était pas le mien, même si j'y trouvais mon compte intellectuellement et financièrement. »

ROSS : d'analyste en M&A à cofondateur d'un blog sur le voyage responsable

« Je suis resté deux ans et demi. Je bossais souvent pour des entrepreneurs. Un été, deux associés d'une boîte sont arrivés en short et tongs, et moi j'étais en face en costard cravate. Je me rappelle m'être dit : "Je ne suis pas du bon côté de la table." J'avais envie d'être l'entrepreneur plutôt que le conseiller en M&A. Je n'ai jamais eu le rêve d'entreprendre, je n'ai jamais idolâtré les entrepreneurs... Mais c'est arrivé au bon moment. Toutes les planètes étaient alignées. Et le goût du risque, le challenge... C'est super excitant ! »

MON EXPÉRIENCE

Une fois estompée mon ambition d'être astrologue ou océanologue, je n'ai jamais envisagé un autre chemin que celui qui consisterait à rejoindre une grande entreprise dont je gravirais indéfectiblement les échelons. Une mobilité internationale de temps à autre suffirait à m'apporter la dose d'ivresse dont j'avais besoin. Quelques expériences salariées et une pandémie plus tard, je n'ai plus qu'un objectif : celui d'être ma propre cheffe, d'une manière ou d'une autre, et (à peu près) quoi qu'il en coûte.

Pourtant, bien que ma vie n'y ait pas toujours été rose, comme je vous l'ai raconté dans la première partie de ce livre, je ne peux décemment prétendre faire partie de ceux qui ont le plus souffert du salariat. Par exemple, j'ai pu télétravailler et partir en vacances (presque) chaque fois que je l'ai décidé (bien que, lors d'un stage et alors que je n'avais pas de congés, j'aie joué la malade imaginaire et rendu une visite express à une amie en stage à New York, chose dont je ne suis pas fière..., quoique). Mais désormais, c'est l'idée même de produire une valeur souvent largement supérieure à celle qui me revient en fin de mois qui me rebute. Bien entendu, c'est un point de vue personnel, dénué de tout jugement envers mes lecteurs souhaitant rester ou devenir salariés, et surtout qui pourrait tout à fait évoluer au fil du temps.

J'AI REÇU LA PROPOSITION DE REJOINDRE UN PROJET ENTREPRENEURIAL

Entreprendre à plusieurs plutôt que seul comporte de nombreux avantages, parmi lesquels un apport de compétences et d'idées plus large et plus diversifié, un capital social et un réseau mécaniquement augmentés, un partage des responsabilités... Même si vous n'aviez aucunement prévu d'entreprendre – ou du moins pas tout de suite –, si vous recevez une proposition en or de cofonder une entreprise ou de rejoindre une boîte fraîchement créée, vous avez peut-être intérêt à ne pas la laisser filer entre vos doigts. Seul, on va plus vite, mais à plusieurs, on va plus loin. Cela dit, attention à bien prendre en compte tous les risques, en particulier si vous êtes invité à être cofondateur : l'obligation de trouver des compromis et de faire des concessions, le risque de conflits, etc. N'agissez pas impulsivement, prenez le temps de vous questionner sur le sens que vous trouvez à ce projet, sur votre compatibilité avec ses membres (il ne suffit pas d'être amis pour bien s'entendre professionnellement...), sur ses chances de réellement vous combler, sur votre valeur ajoutée, sur ses différences avec les expériences vous ayant fait souffrir dans le passé, etc. Si tous les voyants sont au vert, alors... *why not* ?

HUGO : d'analyste en M&A à cofondateur d'une start-up dans la seconde main

« Un jour, un ami de fac m'a contacté pour l'aider dans son projet de start-up dans la seconde main. L'équipe était composée de trois personnes. »

ROMY : de directrice dans le secteur de la *food* à viticultrice

« Mon père et son associé ont acheté un domaine viticole dans le Languedoc-Roussillon et monté une boîte il y a trente ans dans le secteur du vin. Ils me proposent de me joindre à l'aventure. »

ANGE : d'analyste en M&A à fondateur d'une marque de distributeurs automatiques

« Un jour, un ami m'a appelé pour me dire qu'il voulait monter une boîte. Il avait vu une entreprise à Chicago qui faisait des distributeurs automatiques de produits frais et avait remarqué qu'à New York ça n'existait pas. J'ai trouvé le projet intelligent et utile. »

ROSE : de responsable développement et logistique à fondatrice d'un cabinet de conseil en expérience collaborateur

« Je rencontre la femme qui deviendra mon associée. Elle lance l'idée d'une entreprise d'accompagnement dans la qualité de vie au travail. Je ne me vois pas entreprendre, mais je me dis : "À deux, pourquoi pas ?" »

#2. QU'AI-JE À Y GAGNER ?

JE SERAI (UN PEU PLUS) LIBRE

Entreprendre, c'est voler de ses propres ailes. Vous définirez la stratégie, la mission et les valeurs de votre entreprise ; vous déciderez de recruter ou non, et qui ; vous répartirez les ressources comme bon vous semble ; vous choisirez les projets qui vous tiennent à cœur de la manière qui vous semble être la meilleure ; vous serez rémunéré de manière plus juste et alignée avec la valeur des ressources que vous créerez... Autrement dit, vous n'échangerez plus votre temps contre de l'argent auprès d'une hiérarchie qui, en retour, vous dicte vos faits et gestes. Sans oublier la liberté ultime, bien souvent la première à être mentionnée par les entrepreneurs : « travailler quand vous voulez », et parfois même « où vous voulez ». Ce qui n'est pas valable pour tous les métiers, ni pour les premiers mois voire les premières années de votre activité, ni en aucun cas à confondre avec « travailler moins » (bien au contraire)... Mais, *de facto*, : entrepreneuriat rime avec flexibilité.

MATTIS : **de directeur juridique à fondateur d'une solution pour simplifier la réponse aux appels d'offres**

« Je m'investis à fond, sans avoir à attendre des autorisations, et je réalise en quelques semaines ce qui aurait pris des années en entreprise. Et ça, c'est hyper satisfaisant. »

CLAIRE : **de cheffe de projet en start-up à fondatrice d'un podcast sur l'entrepreneuriat féminin**

« Si j'ai une idée, je l'exécute. Je n'ai plus de validation à attendre de quiconque. J'ai la liberté de créer, d'imaginer ; ma créativité est stimulée... Tout est possible. »

DANIEL : **de directeur dans l'industrie à fondateur d'un média sportif et social**

« En entreprise, on exécute des décisions prises en amont, qu'on soit d'accord ou non. En entreprenant, on exécute des décisions qui sont les nôtres. »

PIO : **de chef de projet en start-up à fondateur d'une plateforme de *webnovels***

« Tu n'es pas *drivé* par des cahiers des charges, c'est toi qui les construis. »

KATE : de cheffe de projet en start-up à consultante *food* en freelance

« Si j'ai envie de me prendre tous les soirs de la semaine, ou de faire le marché le mercredi matin, je peux. Parfois, je bosse le week-end ; parfois, je bosse jusqu'à 22 heures… Mais je le choisis. »

ROSE : de responsable développement et logistique à fondatrice d'un cabinet de conseil en expérience collaborateur

« J'ai identifié une sorte de biorythme, tout ce qui est conception-production, c'est le matin ; les rendez-vous, l'après-midi. Et il y a des temps réservés où je ne fais… rien. Créer du vide me permet d'être plus productive. »

JE SERAI UN COUTEAU SUISSE

Contrairement à un poste de salarié, vous n'aurez pas de fiche de poste établissant vos missions et tâches. Vous devrez trouver de nouveaux clients afin de vendre vos produits et/ou services, gagner leur confiance, négocier des contrats, maîtriser l'art de la communication et du marketing, faire votre comptabilité, développer vos compétences dans votre secteur et les mettre à jour régulièrement, recruter des équipes, élargir vos compétences en management et en leadership, etc. De quoi donner le tournis. Et, de fait, vous ne saurez sûrement pas où donner de la tête, en particulier au début. Mais n'est-ce pas là une excellente nouvelle ? Vous échapperez à toute routine, et donc à tout ennui. Combien d'entrepreneurs affirment apprendre bien plus que lorsqu'ils étaient salariés (y compris ceux qui occupaient des postes à très hautes responsabilités) ? Autre avantage que celui d'être multitâches, et pas des moindres : celui de faire de vous une personne dont on respectera l'expérience. L'énergie, la capacité à apprendre, la curiosité, la prise de risque... sont autant de qualités qui sont extrêmement valorisées par de futurs potentiels employeurs, ou investisseurs. Même si vous mettez les clés sous la porte, vous serez loin d'avoir perdu votre temps.

ELLA : de cheffe de projet au sein d'une fondation à guide touristique

« Être autoentrepreneur, c'est se rendre compte que tu peux faire plein de choses par toi-même. Ça permet de prendre enfin de la distance par rapport aux diplômes. »

DANIEL : de directeur dans l'industrie à fondateur d'un média sportif et social

« Quand tu crées ta marque, tu recrutes, tu démarches, tu fais tes rendez-vous, tu crées ton réseau, tu donnes tes conférences... »

EZRA : de chef de projet en start-up à fondateur d'un atelier de réparation de vélos

« J'adore m'occuper de tout : je suis à la fois mécanicien, financier, comptable, graphiste, agent d'entretien... Avant, quand tu me mettais sur une tâche pendant huit heures, je vrillais. Aujourd'hui, j'en fais soixante en trois heures..., et je m'éclate. »

TIANA : de cheffe de projet dans l'événementiel à fondatrice d'une épicerie fine responsable

« Ce qui est dingue dans l'entreprenariat, c'est que je ne me paie pas, je ne fais pas des marges de dingue, mais qu'est-ce que j'apprends ! J'ai fait mon site internet toute seule, je prépare les commandes, gère les stocks, j'ai embauché une alternante... »

LAIA : de cheffe de projet en start-up à illustratrice

« Tout faire, ne pas seulement être un maillon de la chaîne, ça rend mon travail très enrichissant intellectuellement. »

LOU : de directrice au sein d'un Big Four à fondatrice d'un cabinet d'avocats

« On apprend beaucoup : déontologie, technique... J'adore le fait de développer mon propre business. Avant, les dossiers arrivaient tout seuls sur mon bureau. »

JE POURRAI CRÉER

Une fois de plus : la créativité ne se résume pas à des aptitudes artistiques. Nul besoin donc de devenir musicien ou dessinateur pour être un créateur. Créer, c'est avant tout la capacité de tout cerveau à trouver de nouvelles idées, à apercevoir une occasion, à saisir le bon moment pour prendre un risque, à se remettre en question, à aiguiser son intuition, etc. Autant de compétences dont il vous faudra faire preuve pour mettre toutes les chances de votre côté, si vous décidez d'entreprendre ; car toute aventure entrepreneuriale implique une dose incompressible de créativité. D'ailleurs, un entrepreneur n'est-il pas un « créateur » d'entreprise ? En outre, si vous opposez « créativité » et « logique », il est temps de changer d'avis : nous avons tous un peu des deux en nous. Vous pouvez donc avoir l'esprit le plus « cartésien » du monde, cela ne vous empêche pas d'avoir une infinité de ressources créatives dans lesquelles puiser. Vous aurez juste à chercher un tout petit peu plus longtemps que votre ami qui utilise son temps libre à fabriquer des draps en chaussettes recyclées et à organiser chaque été des festivals de cirque pour les enfants de la copro.

— TARA SWART, *La Source*[21]

On nous apprend à voir la créativité comme un champ très pointu (souvent associé à un talent artistique). On présume, comme pour le cerveau logique, qu'on est créatif ou qu'on ne l'est pas. [...] On peut oublier l'idée que tout ce qui concerne l'analyse soit traité dans une moitié du cerveau alors que l'autre moitié s'occupe de tout ce qui relève de la créativité.

— ELIZABETH GILBERT, *Comme par magie*

Vous ne pourrez jamais faire quoi que ce soit d'intéressant de votre vie, si vous ne vous donnez pas le droit d'essayer. Le droit de créer ne signifie pas se comporter comme une princesse [...]. Cela signifie simplement croire que vous avez le droit [...] d'avoir une voix et une vision qui vous sont propres.

21. Tara Swart, *La Source : ouvrez votre esprit, changez votre vie*, Leduc, Paris, 2019.

MADDIE : de directrice dans le luxe à coach

« Je suis fière de me dire que j'ai créé un truc qui n'existait pas, que l'idée que j'avais en tête est devenue concrète. »

EDEN : d'asset manager en grand groupe à créateur de tiers-lieux

« J'adore ma liberté : être créatif, penser hors du cadre, faire différemment les choses. »

ROSS : d'analyste en M&A à cofondateur d'un blog sur le voyage responsable

« J'ai vu naître un produit de zéro, qu'on a imaginé et conçu à deux meilleurs amis. Le voir éclore et voir que les gens l'utilisent, que ça plaît, c'est génial ! »

EMMA : de consultante à fondatrice d'une marque de patrons de couture

« Je considère simplement que je me suis réinventée. J'avais passé des années à entendre : "De toute façon, tu n'es pas créative." Mais quand tu es entrepreneur, tu es obligé d'être créatif. »

ANICK : de responsable en *merchandising* visuel à coach

« En septembre 2020, je deviens entrepreneuse. Je passe 6 mois à me chercher, me détacher du salariat. J'ai besoin de légitimer ma créativité, je fais des collages, je dessine, j'écris. C'est une explosion ! J'avais besoin de m'exprimer. »

#3. MA VIE SERA-T-ELLE TOUTE ROSE ?

PEUT-ÊTRE QUE JE SERAI À SEC, AU DÉBUT

En théorie, l'entrepreneuriat vous permet de faire sauter le plafond de verre de la rémunération. Et si vous lancez un business à succès, vous avez des chances de gagner, un jour, un salaire largement supérieur à celui que vous touchiez en tant que salarié. En pratique, mieux vaut garder les pieds sur terre, car ce n'est pas toujours le cas. Par ailleurs, la trésorerie qui ne suit plus, le risque d'impayés, les besoins en fonds de roulement, les problèmes de rentabilité, les difficultés d'accès au crédit, etc. sont autant de problèmes qui asphyxient la plupart des entrepreneurs, en particulier au début de leur activité. C'est le jeu, certes, mais un jeu dont les règles peuvent ne pas convenir à tous. Cela étant dit, s'il est normal de souhaiter éviter à tout prix l'insécurité financière, il est dommage de vous empêcher d'entreprendre, à la seule perspective d'une baisse de salaire. Il est difficile de voir son niveau de vie diminuer, d'accord, mais on peut souvent bien vivre avec beaucoup moins que ce que l'on croit. L'adage « l'argent ne fait pas le bonheur » a très largement prouvé sa véracité au fil des siècles, et dans un référentiel plus tangible, au fil des cent interviews *I quit thanks*. Nous en reparlerons.

— TARA SWART, *La Source*

Nous avons dévalué la profondeur, la passion et l'instinct, et nous en sommes venus à compter sur des aptitudes superficielles associées au gain matériel plutôt qu'à la joie véritable.

AXEL : de chargé de com dans un musée à fondateur d'une agence de com

« Dans un an, on ne sait pas où on sera. C'est stressant, mais on crée notre possible. »

ADÈLE : de manager dans l'informatique à pâtissière

« Financièrement, tu te serres la ceinture. Il y a un besoin d'adaptation qui est très fatigant, mais nécessaire. »

PIO : de chef de projet en start-up à fondateur d'une plateforme de *webnovels*

« J'ai dû travailler en parallèle. J'ai été auxiliaire de vie. Je travaillais deux nuits par semaine auprès d'une personne en situation de handicap, pour l'aider. Même si ça a été un très gros apprentissage sur le plan humain, ça a été dur. Ce sont des sacrifices de temps, d'argent. Tu loupes des vacances entre potes parce que tu n'as pas les fonds... »

NOAH : de chef de projet dans la musique à organisateur d'événements

« Être chef d'entreprise, c'est pas facile non plus. En plus, je ne gagne pas d'argent depuis que je me suis lancé, et mes économies commencent à bien descendre. »

PEUT-ÊTRE QUE JE TRAVAILLERAI TROP, ET/OU QUE JE SOUFFRIRAI DE LA SOLITUDE

Souvent, les entrepreneurs ne comptent pas leurs heures : ils sont passionnés, ils poursuivent des objectifs ambitieux, ils sont polyvalents, ils veulent échapper à une faillite imminente... Mais n'oubliez pas les nombreux risques que fait courir une surcharge avérée sur la santé. En outre, la surcharge n'est pas toujours une surcharge de travail, elle peut aussi et surtout être une surcharge mentale, en particulier si vous souhaitez entreprendre seul. La solitude peut accentuer le sentiment de liberté (adieu horaires rigides, cantine d'entreprise, bureau glauque et hiérarchie), mais elle peut être difficile à gérer en cas d'échec ou de coup de mou ; ce qui, au risque de vous faire peur, arrivera... et pas qu'une fois. Vous constaterez alors amèrement que vos sessions « bureau des plaintes » avec Josiane vous manquent au moins autant que le cappuccino goût noisette de la machine à café..., avant de vous ressaisir et d'aller de l'avant – cela va de soi.

ELVIE : d'assistante de direction artistique dans le luxe à fondatrice d'une marque de mode éthique

« Tout évolue au jour le jour, ma *to do list* est infinie. Il faut accepter que tout soit toujours en chantier, et avancer sur tous les sujets importants en même temps. »

NINA : de responsable recrutement à coach

« Je travaille beaucoup. Mais, même si je ne dénigre pas le salariat, désormais, quand je fais cinquante heures par semaine, c'est pour moi, et plus pour la boîte de quelqu'un d'autre. »

DANIEL : de directeur dans l'industrie à fondateur d'un média sportif et social

« C'est compliqué de trouver des collaborateurs, de gagner la confiance des clients, d'être crédible lors des levées de fonds… »

MALO : de chef de projet dans le luxe à fondateur d'une application qui réinvente la pause déjeuner

« Ce qui est moins cool, c'est la charge mentale. Tu dors un peu moins bien la nuit, tu as plein de trucs à gérer. Et puis c'est formateur, de manager beaucoup de gens, mais c'est aussi une sacrée responsabilité. »

MAX : de commercial à fondateur d'une solution d'aide à la reconversion

« Dans le salariat, même si tu n'aimes pas ton job, tu peux aimer l'environnement (bureaux, collègues...). Mais, indépendant, tu es seul face à tes pensées, face à tes difficultés. »

KYLE : de chef de projet en start-up à fabricant de confitures bio au miel

« Tu ne prends pas conscience de la solitude de l'entrepreneur, jusqu'à ce que, face aux premiers échecs, tu te dises : "Qu'est-ce que je suis parti faire dans cette galère-là ?" »

ADAM : d'ingénieur à producteur de musiques électroniques

« En tant qu'auto-entrepreneur, je me remets pas mal en question, vu que c'est de ma propre personne qu'il s'agit. Dans une boîte, tu parlerais à tes collègues. Mais là, tu es seul et tu peux parfois déprimer. Ce n'est pas facile mentalement pour tout le monde. »

PEUT-ÊTRE QUE JE NE SERAI PAS COMPLÈTEMENT LIBRE

Parmi les nombreuses définitions que donne le *Larousse* du mot « liberté », on retrouve celle-ci : « Possibilité d'agir selon ses propres choix, sans avoir à en référer à une autorité quelconque. » Or entreprendre, ce n'est pas vivre sur une île déserte et se nourrir de baies sauvages, mais évoluer dans un écosystème : de partenaires, de sous-traitants, d'actionnaires, de collègues, de clients, etc. Vous devrez rendre des comptes, fournir des prestations de qualité rapidement, vous adapter aux besoins et exigences de chacun, faire face à moult galères, gérer contraintes administratives, financières, légales et autres économiques, etc. Si vous rêvez d'entreprendre pour faire « ce que vous voulez, quand vous voulez, comme vous voulez, ET PUIS C'EST TOUT », vous risquez de vite déchanter. En outre, si les choses se corsent, vous ne pourrez pas quitter votre bureau en feu en soupirant : « Après moi, le déluge ! » Vous n'êtes plus salarié. C'est votre bébé, et vous en êtes responsable. Or qui dit responsabilité, dit charge mentale, et dit... baisse de liberté. Mais rassurez-vous, il y a quand même un rayon de soleil dans ce ciel menaçant. Car la première définition que donne le *Larousse* du mot « liberté » n'est autre que celle-ci : « État de quelqu'un qui n'est pas soumis à un maître. » Si vous êtes votre propre patron, vous n'avez plus de maître. Bingo, « *Dobby is freeeeeee !* »

EDEN : d'asset manager en grand groupe à créateur de tiers-lieux

« Je goûte à ma liberté, tout en prenant les responsabilités qui vont avec, mais avec plaisir. Je ne peux pas râler, tellement j'aime mon quotidien, qui est encore mieux que celui que j'imaginais. »

JEAN : de nanochimiste à fondateur d'une plateforme de consommation responsable

« J'apprécie énormément ma liberté. Même si liberté ne veut pas dire "pas de contraintes ni de souffrance", ici, c'est de mon propre choix qu'il s'agit. Et ça change tout. »

TIM : de trader de matières premières à fondateur d'une marque de gin bio

« C'est dur de s'installer dans cette industrie dominée par d'énormes entités internationales. Tu passes des heures au téléphone, juste pour un contact. Tu prends des refus parce que tu es trop petit... »

MAËL : d'assistant commercial en grand groupe à fondateur d'une marque de jus bio

« Beaucoup de gens se lancent, mais c'est une cata au bout de huit mois. Tu ne t'improvises pas entrepreneur. Il faut avoir une vraie envie. Tu ne le fais pas parce que "c'est cool". Ça peut paraître fou – "waouh, tu es libre !" – mais c'est plein de galères : financières, impossibilité de te projeter... »

POUR CONCLURE…

Quand on dit « entrepreneuriat », on pense « création d'entreprise ex nihilo », c'est-à-dire qui n'existe pas encore. Il existe pourtant mille et une façons d'entreprendre : la reprise d'entreprise, l'autoentreprise, l'entrepreneuriat public (un service au citoyen proposé par une entreprise publique), l'intrapreneuriat (une activité nouvelle créée au sein d'une entreprise déjà existante), l'extrapreneuriat (une activité créée par un groupe de salariés quittant simultanément une entreprise, laquelle peut leur apporter son soutien financier)… et, parmi elles, probablement une qui vous convient si vous voulez vous lancer. Mais attention à ne pas croire aux mythes de « l'entrepreneur parfait » ou de « l'aventure entrepreneuriale parfaite », ni à vous jeter à l'eau pour de mauvaises raisons : ambition mal placée, soif de pouvoir, de gloire ou d'argent…, car entreprendre est loin d'être un long fleuve tranquille. Pour limiter le risque, une réflexion autour du slashing (le fait d'exercer plusieurs activités professionnelles en parallèle) et/ou du lancement d'un *side project* vaut le détour (nous reviendrons sur chacun de ces termes, mais un petit teasing ne fait pas de mal).

FICHE #2.

Devrais-je envisager d'entreprendre ?

#1. « *I want to break free-ee !* » C'est quoi, pour vous, la liberté au travail ?

Par exemple, être libre dans la manière dont vous : organisez votre temps, résolvez les problèmes, fixez vos objectifs, priorisez vos tâches, choisissez vos formations, décidez de votre évolution, gérez votre motivation et/ou vos émotions...

....

....

....

....

#2. Sur une échelle de 1 à 10, 1 étant « Sirius à Askaban », et 10 « Dobby libéré des Malfoy », à combien vous sentez-vous libre dans le salariat ?

1 2 3 4 5 6 7 8 9 10

Décrivez l'état associé à ce chiffre :

....

....

....

#3. Si vous avez des amis entrepreneurs, que pensez-vous de leur quotidien ?

Et quels sont les « plus » et les « moins » qu'ils vous en disent, eux ?

#4. Vous croisez le génie d'Aladdin. Il vous propose d'améliorer votre environnement de travail. Mauvaise nouvelle : vous êtes limité à un vœu. Que voulez-vous améliorer ?

Exemples : Vos relations avec vos collègues et/ou votre hiérarchie, l'organisation de votre travail, votre équilibre vie pro/vie perso, votre autonomie, vos perspectives d'évolution, la variété de vos tâches, votre rémunération...

....

....

....

....

....

Comment ?

....

....

....

....

....

....

....

....

....

#5. Ouf, quelques mètres plus loin, vous croisez le cousin du génie. Il est bleu aussi, mais il n'a pas de cheveux, et surtout il est plus sympa : avec lui, aucune limite, vous pouvez faire autant de vœux que vous voulez. Quelle est votre liste (priorisée, au cas où il disparaîtrait dans un nuage de fumée) ?

#6. À ce stade, que déduisez-vous de vos réponses précédentes quant à votre capacité à vous épanouir dans le salariat ?

Piste de réflexion : Le vœu exaucé par le génie d'Aladdin a-t-il suffi à rendre votre environnement parfait, ou l'aide de son cousin s'est-elle avérée salvatrice ?

3 actions à mettre en place dès demain pour poursuivre ma réflexion :

— Chapitre 2 —
LA RECONVERSION

Giuseppe Paterno est né à Palerme en 1923. Aîné d'une fratrie de sept enfants, il a rapidement dû travailler, abandonnant ainsi son rêve d'étudier. Après quelque temps au sein de la brasserie familiale, il rejoint une compagnie de chemins de fer au sein de laquelle il a passé quarante-deux ans. Plutôt que de profiter de sa retraite pour se reposer à l'ombre des oliviers dans les montagnes siciliennes, Giuseppe a repris les études et décroché un master en Histoire et philosophie… à 99 ans.

Cette histoire fabuleuse, au-delà du fait d'être un magnifique exemple de courage et de ténacité, rappelle à ceux d'entre nous qui ont tendance à l'oublier un peu trop facilement que la plasticité cérébrale continue jusqu'à la fin de la vie. Autrement dit, notre cerveau peut apprendre à tout âge. Et heureusement, car la probabilité pour que la voie que nous avons empruntée à 18 ans est assez faible, quand bien même elle aurait constitué un choix de cœur – ce qui est loin d'être le cas d'une majorité d'étudiants. Le chapitre précédent vous a donné une idée plus claire de votre envie, ou non, d'entreprendre. Pour autant, le « comment » et le « quoi » sont deux réflexions tout à fait distinctes. Alors, se reconvertir *or not* se reconvertir ? *That is the question.*

#1. DEVRAIS-JE L'ENVISAGER ? — 162
#2. QU'AI-JE À Y GAGNER ? — 170
#3. MA VIE SERA-T-ELLE TOUTE ROSE ? — 178

#1. DEVRAIS-JE L'ENVISAGER ?

J'AI CHOISI LES MAUVAISES ÉTUDES, CAR J'AI ÉCOUTÉ MON ENTOURAGE, ET/OU J'AI VOULU MIMER SON PARCOURS

À 18 ans, on est « majeur et vacciné, OK ? », mais que connaissons-nous de nos talents et de nos aspirations ? Pas grand-chose. Nous ne sommes d'ailleurs que rarement incités à nous poser la question, ou mal accompagnés dans cette réflexion. Cette charge incombe souvent à de malheureuses conseillères d'orientation qui, certes de bonne volonté, ne semblent que très rarement avoir le nez creux. Résultat ? On se réfugie dans les conseils de notre entourage. Or, lorsqu'on est « paumé », ce qu'on veut, c'est surtout arrêter de l'être : on a donc tendance à être un tantinet trop influençable. Dans certains cas, l'entourage nous influence proactivement. Dans d'autres, il n'y est pour rien, et nous décidons comme des grands d'emprunter la même voie (ou le même « type de voie »). Ce mimétisme rassure : on connaît les études et leurs modalités, on a une idée de notre futur quotidien et du niveau de vie auquel on pourra aspirer, on a un réseau..., voire la perspective de récupérer la boîte de papa-maman. Pourquoi se priver ?

JUAN : d'ingénieur à cuisinier

« Après le bac, je voulais aller en école de cinéma, mais mes parents m'ont convaincu de faire une prépa ingé. Après deux ans de prépa, j'obtiens une bonne école d'aéronautique à Toulouse, et je ne me pose donc plus la question du cinéma. C'était trop tard. J'étais fondu dans le moule. En école, je n'étais pas à ma place. »

GWEN : de directrice de la communication à coach sportive

« J'ai eu mon bac en 2004, puis j'ai fait une fac d'Histoire. Je voulais devenir reporter de guerre. C'était un vrai rêve. Mais j'avais des parents angoissés. N'ayant "que" 20 ans, j'ai fait le choix de les écouter. »

MARC : de consultant sportif à restaurateur

« J'ai fait S, pour faire comme mon père et mon frère. En milieu de première, j'ai fait un rejet des matières scientifiques. Miracle, j'ai obtenu mon bac à 10/20 pile. J'ai alors rejoint un IUT, pour faire "comme papa" : devenir ingénieur auto. J'ai tenu six mois. Mon frère était dans le paramédical, j'adorais le sport, je me suis donc inscrit en… prépa kiné. C'était une démarche naïve. Je n'ai réussi aucun concours. »

JONAS : de juriste à slasheur chef de projet dans l'audiovisuel/prof de yoga

« J'ai fait cinq ans de droit à Assas. Je suivais simplement les traces de mon père, qui était juriste… Je me suis dit à l'époque : "Ça peut être sympa, ça peut m'ouvrir des portes." Je n'avais pas de métier de prédilection. »

BEN : d'étudiant en économie à jardinier animateur

« Je veux mieux comprendre le monde, mon meilleur ami me suggère d'aller en fac d'économie. Je l'écoute, et je pars étudier à Rennes. Mais je suis déçu par le côté "hors-sol". À la fin de ma licence, j'ai l'impression de n'avoir aucune réelle compétence, ni expertise, ni compréhension précise des rouages des sociétés humaines. Je sens que quelque chose ne tourne pas rond. Je réalise que l'argent n'est plus un moyen mais la fin, que l'économie néolibérale est aveugle sur la question des ressources, du climat, de la biodiversité, de l'énergie, des inégalités, de la durabilité… »

MON EXPÉRIENCE

Quand j'avais 11 ans, mes parents ont refusé que je quitte le foyer familial pour intégrer un collège parisien spécialisé en bande dessinée (j'y avais été invitée par les organisateurs d'un concours de BD dans mon école primaire, après avoir raflé cinq des six prix). Cinq ans plus tard, ils m'ont interdit d'auditionner pour *Jappeloup*, un film avec Guillaume Canet (j'avais été accostée par la directrice de casting à la sortie de mon lycée parisien, compte tenu de mon visage de « bohémienne », correspondant à la description du rôle figurant sur ses flyers). J'ai souvent justifié mes mauvaises notes en physique-chimie par le fait que mes parents m'avaient « égoïstement détournée d'une brillante carrière d'artiste » ; mais, en réalité, je ne leur en ai bien sûr jamais voulu, et j'aurais réagi exactement pareil à leur place.

Cela dit, comme (presque) tous les parents depuis la nuit des temps, mes parents ont influencé mon orientation à leur insu. Nés en Algérie au début des années cinquante, ils obtinrent leurs diplômes de chirurgien et de cardiologue à la sueur de leur front. Peu avant la décennie noire, alors qu'ils jouissaient d'une situation confortable, ils prirent la courageuse mais difficile décision de quitter leur pays pour offrir à mes grandes sœurs, toutes petites à l'époque, un brillant avenir. Vingt ans plus tard, après une classe prépa et une grande école (d'ingénieur pour l'une, de commerce pour l'autre), elles étaient toutes deux en CDI dans de prestigieux cabinets de conseil. Lorsque je me connectai à (feu) la plateforme APB, je n'hésitai donc pas une seconde : classe prépa, me voilà (commerciale toutefois, car je ne pouvais plus voir un tube à essai en peinture) ! Hors de question de me lancer dans une licence « fun » ou, pire, de prendre une année sabbatique pour réfléchir. J'avais une immense gratitude pour mes parents, et voulais les rendre fiers. Cette phrase est d'ailleurs toujours vraie.

J'AI CHOISI LES MAUVAISES ÉTUDES, CAR J'ÉTAIS BON ÉLÈVE ET/OU JE N'AI VOULU ME FERMER AUCUNE PORTE

L'orientation des élèves est un processus de tri fondé sur les résultats. En théorie, les « mauvais » élèves sont affectés par défaut (souvent au sein de voies professionnalisantes), et les « bons » élèves peuvent choisir. En pratique, ironiquement, le fait d'avoir de bonnes notes ne garantit pas de pouvoir choisir son orientation. Il est fréquent qu'un bon élève soit poussé vers des « voies royales » afin de rejoindre une « élite ». Partir en fac de socio, philo ou psycho, ou pire, se lancer dans des études artistiques ou manuelles, « non mais vous vous rendez compte, quel gâchis ! » Cette fâcheuse tendance à classer les filières académiques selon un niveau de prestige subjectif, voire imaginaire, n'est pas sans conséquences. Au-delà du fait qu'elle inculque aux élèves une notion erronée de la réussite, elle n'augmente aucunement leurs chances d'être heureux, et les réduit au contraire drastiquement. L'autre piège classique dans lequel tombent les élèves (« bons » comme « mauvais », cette fois) est de repousser éternellement le moment de choisir une voie, de chercher à « garder le plus de portes ouvertes ». Certes, si l'on n'a aucune idée de ce que l'on veut faire de sa vie, il est plus judicieux d'emprunter une voie généraliste que d'opter pour des études sur la migration des grues cendrées en péninsule ibérique – la probabilité de devenir un ornithologue comblé se rapprochant de zéro.. Le danger, c'est de prendre un peu trop goût à cet état d'esprit du non-choix. Chassez le naturel...

LOUIS : **de manager au sein d'un Big Four à disquaire**

« J'ai fait une prépa HEC. J'ai été dans le leurre classique de "vous êtes les meilleurs". Aujourd'hui, je n'en pense pas un mot. J'étais très porté sur une vision matérielle du monde, j'ai demandé les métiers qui payaient bien. »

TOM : **de directeur de la communication à ébéniste**

« Si tu as des bonnes notes, on t'envoie en filière classique ; sinon, en filière professionnelle. Du coup, inconsciemment, je pensais : "C'est dévalorisant d'aller en filière pro." »

MAE : **d'analyste en banque à pâtissière**

« En sortant du lycée, je ne savais pas quoi faire. Par principe, je me suis tournée vers une école de commerce : la voie de la facilité. »

PRUNE : **de journaliste à actrice**

« Après un an de prépa, j'intègre Sciences Po. Te voilà pendant cinq ans dans un cocon : tu es sur tes rails, et tu ne t'inquiètes pas plus que ça. Chaque fois que la question de l'orientation se posait, j'étais prise d'angoisses, je sentais le sol se dérober sous mes pieds. »

MON EXPÉRIENCE

Vouloir rendre mes parents fiers et marcher dans les pas de mes sœurs n'était pas incompatible avec le fait de faire des études que j'aime, et par la suite un métier que j'aime. Autrement dit, mon véritable problème n'a pas été de suivre la « voie royale » bac+5 puis CDI, mais de prendre grand soin, tout au long de ce chemin, de ne jamais, ô grand jamais, me poser cette question essentielle, cruciale, vitale (oui, oui, vitale), et surtout, basique : « Sonia, qu'est-ce qui t'intéresse vraiment ? Genre... vraiment, vraiment ? » La raison du décalage, voire du mal-être ressentis durant la majeure partie de ma vie académique et professionnelle réside dans le perpétuel contournement de cette question pourtant incontournable.

Mais quel était donc mon « raisonnement » ? D'une part, « j'ai de trop bons résultats pour me détourner des voies prestigieuses » (ingénieur, commerce, droit, médecine...), et d'autre part, « je n'ai malgré tout aucune idée de ce qui me plaît, et j'ai de toute évidence la flemme de chercher, donc je vais opter pour la voie la plus généraliste, au cas où ». Et j'ai navigué ainsi à vue, en prépa, puis en licence de gestion, puis en master en management, puis en conseil. Il me fallut traverser deux « maladies en *out* » et interviewer plus de cent démissionnaires heureux pour me libérer, délivrer, de cette boucle infernale.

•

N'oublions pas qu'il existe mille et une autres causes à une mauvaise orientation, et notamment l'orientation subie – une triste réalité au sein des classes populaires, liée au processus du tri fondé sur les résultats, à un manque d'information et d'aide, à de l'autocensure... Néanmoins, quelles que soient les raisons pour lesquelles vous vous êtes « planté » de voie, il ne s'agit pas de fustiger votre pauvre « vous » de 18 ans, ni de vous enfermer dans votre garage pour tenter de construire une machine à remonter le temps, mais de redresser la barre. Rien ne justifie que vous restiez bloqué dans la même voie jusqu'à votre dernier souffle.

J'AI CHOISI LES BONNES ÉTUDES, MAIS J'AI CHANGÉ

Vous avez choisi vos études par vocation, puis vous avez exercé un métier durant plusieurs années, voire dizaines d'années, tout en étant parfaitement épanoui ? C'est une chance. Pour autant, tout être humain est évolutif, et il est tout à fait possible que vos attentes quant à votre vie – et ici, votre vie professionnelle – évoluent. Vous pouvez être malheureux et chercher à fuir, vous pouvez être heureux mais sentir que vous pourriez l'être plus ailleurs, vous pouvez avoir vécu un événement qui a changé le cours de votre vie – heureux (un voyage au bout du monde, une rencontre hors du commun…) ou malheureux (une maladie, un burn-out, du harcèlement…), etc. Quelle que soit la raison, si vous sentez qu'il est temps pour vous de vous réinventer, ne refrénez pas cette envie. Rien-ne-justifie-que-vous-restiez-bloqué-dans-la-même-voie-jusqu'à-votre-dernier-souffle.

#2. QU'AI-JE À Y GAGNER ?

JE RESSENTIRAI UNE IMMENSE FIERTÉ

Si vous « réussissez » votre reconversion – en ce sens que vous adorez votre nouveau métier et que vous parvenez à en vivre –, vous ressentirez une immense fierté. D'être reparti de zéro à un âge plus ou moins avancé et d'avoir survécu à de nombreux sacrifices personnels et/ou financiers. D'être venu à bout d'une ou plusieurs formations à la sueur de votre front ; le temps béni de la maternelle et de ses constructions en pâte à sel étant, hélas, révolu depuis bien longtemps. De parvenir à vivre avec moins que ce que vous pensiez. D'avoir réussi à faire taire cette petite voix qui vous disait que vous étiez fou. D'avoir retrouvé le goût d'apprendre et l'ardeur au travail perdus quelque part entre le CM2 et la 6e. De vous dédier à une cause qui vous est chère et qui est en accord avec vos valeurs (qu'il s'agisse de la protection des baleines bleues ou du contrôle fiscal importe peu). D'évoluer avec des personnes qui vous « ressemblent », parce que vous partagez donc un certain nombre de points communs et de centres d'intérêt. De vous être réinventé. Etc. La liste est infinie, mais, somme toute, être un « reconverti », c'est un peu être un héros des temps modernes.

ADÈLE : de manager dans l'informatique à pâtissière

« Pour rien au monde je ne changerais. Tu es tout le temps en train d'inventer, de chercher... Mon job ne me plaisait plus, il ne collait pas avec moi. Si ça ne marche pas, au moins, j'aurai essayé. Je veux être un exemple pour mes enfants. »

AÏDA : de consultante à chargée de développement dans une start-up de l'ESS

« Aujourd'hui, je suis hyper heureuse de parler de mon job. Je peux en parler une demi-heure, et je sens que les gens sont emballés. C'est super gratifiant. »

LUCAS : d'étudiant en droit à fondateur d'une marque de jus responsables

« Ma plus grande fierté, c'est me poser dans un café et voir la table à côté qui consomme mes jus, et qui les apprécie. »

EDEN : d'asset manager en grand groupe à créateur de tiers-lieux

« Je suis super fier de mes lieux. »

JE SERAI HEUREUX (OU HEUREUSE)

Si vous choisissez d'exercer un nouveau métier, l'objectif, c'est que celui-ci vous ressemble parfaitement... Ou, du moins, bien plus que lorsque vous étiez comptable dans cette entreprise de pâtés pour chat alors que vous détestez les chiffres et les chats (et le pâté, d'ailleurs). Vous n'aurez plus à enfiler un masque social, à vous dédier à des causes qui vous laissent de marbre, voire vous rebutent..., et vous serez bien plus heureux. À titre d'illustration, prenons le fameux concept de l'*ikigai*. Lors d'un voyage sur l'île d'Okinawa au Japon, Francesc Miralles et Héctor García ont interrogé les habitants sur les raisons de leur extraordinaire longévité. Ils ont alors découvert l'existence du concept de l'*ikigai* – que l'on pourrait traduire par « raison de vivre », ou, de manière plus concrète, comme l'intersection entre ce que vous aimez faire, ce que vous savez faire, et ce pour quoi vous pouvez être payé. Selon les habitants d'Okinawa, nous sommes tentés de courir après l'argent, la gloire, la reconnaissance ou le succès. Or, si nous ne sommes pas connectés à ce que nous faisons, nous ne ressentons que du désespoir, et c'est seulement lorsque nous trouvons notre *ikigai* que nous vivons pleinement. Mais alors... si *ikigai* = bonheur, et que reconversion = *ikigai*, alors reconversion = ... ? À vous !

– HÉCTOR GARCÍA ET FRANCESC MIRALLES, *Ikigai*[22]

Connaître son ikigai [...] signifie que chaque jour est imprégné de sens. C'est la raison pour laquelle nous nous levons le matin. C'est aussi la raison pour laquelle de nombreux Japonais ne prennent jamais vraiment leur retraite (en fait, il n'y a pas de mot en japonais qui signifie « prendre sa retraite », comme on l'entend en français). Ils restent actifs et effectuent des tâches qu'ils aiment, car ils ont trouvé un vrai but dans la vie - le bonheur d'être toujours occupé.

22. Héctor García, Francesc Miralles, *La Méthode Ikigai : découvrez votre mission de vie*, Solar, Paris, 2018.

LILY : de journaliste à illustratrice

« J'ai récupéré mes racines. Je me suis dit : "Je suis à ma place, je fais ce pour quoi j'ai été conçue." »

MATTEO : de consultant à humoriste

« C'est la première fois que je ne ressens pas le besoin d'un exutoire le soir, tellement ça m'épanouit. »

ALI : de vice-président d'une banque à fondateur de start-up écoresponsables

« Ce que je fais aujourd'hui, je ne le considère pas comme un travail. Je n'ai jamais été aussi heureux de ma vie. »

EZRA : de chef de projet en start-up à fondateur d'un atelier de réparation de vélos

« Pour la première fois depuis des années, je me dis d'un job que je vais le faire toute ma vie. »

AÏDA : de consultante à chargée de développement dans une start-up de l'ESS

« Mes journées, je ne les vois pas passer, et parfois j'aimerais même qu'elles soient plus longues pour pouvoir bosser plus. »

SIBYL : de commerciale à photographe

« Aujourd'hui, j'ai fait des choses dont je ne me serais jamais crue capable. Je retrouve la personne que j'étais au lycée : curieuse, créative... »

JE RENDRAI LES AUTRES HEUREUX

Il existe, bien sûr, d'autres moyens plus rapides et plus simples qu'une reconversion pour rendre les autres heureux : être un parent ou un enfant aimant, devenir bénévole, cuisiner un bon plat de lasagnes, faire une bonne blague, etc. Toujours est-il que la reconversion est un excellent moyen de remplir ce noble objectif dans la durée. Et pour cela, nul besoin de devenir clown, masseur, thérapeute, médecin, pompier ou restaurateur spécialisé dans les fondues et raclettes. Quel que soit votre nouveau métier, tant que vous êtes heureux, vous ferez mécaniquement le bien autour de vous (vous pouvez même rejoindre une multinationale polluante, même si votre karma risque d'en prendre un coup...). Le monde ne serait-il pas plus agréable s'il était peuplé par moins de personnes aigries qui détestent leur job – et donc leur vie – alors même qu'elles ont la chance de pouvoir changer les choses ? Et la bonne nouvelle, c'est que ça marche dans les deux sens : si vous donnez du bonheur, vous en recevrez..., et inversement. Ah, décidément, la reconversion, ça fait rêver, non ?

P-S : La prochaine fois que vous menacez de déménager sur une île déserte pour « enfin avoir la paix », repensez à l'histoire de Christopher McCandless, héros bien réel du roman *Into the Wild*, adapté en film. Il a tourné le dos à une belle carrière pour traverser l'Amérique en van... Mais, une fois seul au monde dans la pampa, il a écrit ceci dans son journal : « *Happiness only real when shared* » (en français : « Le bonheur n'est réel que partagé »). Une (très) belle leçon de vie.

MILA : de directrice RH à maquilleuse

« Quand je maquille une personne et que je la vois sourire face à son reflet, les yeux brillants, je me dis : "Objectif atteint : j'ai réussi à rendre quelqu'un heureux." »

GWEN : de directrice de la communication à coach sportive

« Le fait de travailler sur le corps des gens me donne même envie de reprendre les études en kiné. J'ai ce besoin et cette envie de faire du bien aux gens. Les entendre me dire : "Ah, je me sens mieux ! Merci !", ça me fait du bien. J'avais besoin de plus d'humain. »

JIL : de directrice de la communication à barbière

« Dans mon métier, quand mon client s'en va, il se sent mieux. »

MARC : de consultant sportif à restaurateur

« J'adore quand les gens repartent de mon resto avec le sourire, avec un "Merci, on a passé une super soirée, on reviendra !" »

FLORE : **de commerciale dans l'informatique à hypnothérapeute**

« Les gens qui viennent te voir entrent stressés, mais sortent détendus et souriants. C'est précieux. »

JULIA : **de cheffe de projet dans l'informatique à hypnothérapeute**

« J'adore permettre à une personne de passer d'un état à un autre, lui montrer un autre point de vue, faire un focus sur le positif, sur les belles choses. »

#3. MA VIE SERA-T-ELLE TOUTE ROSE ?

PEUT-ÊTRE QUE JE DOUTERAI, PARFOIS

Avant d'être officiellement membre de la grande famille des « reconvertis », vous devrez parcourir un long chemin. Se reconvertir, c'est de l'énergie, du temps (de six mois à trois ans, en moyenne), des aménagements logistiques et/ou des sacrifices financiers (surtout si vous avez une famille à nourrir), des embûches diverses (difficultés d'apprentissage, manque de réseau...). Et puis, se lancer dans « l'inconnu » (quel qu'il soit) induit toujours un risque. Vous ne foncerez pas tête baissée, d'accord. Vous vous accorderez des mois, voire des années, de réflexion ; vous dévorerez articles, livres, podcasts et documentaires ; vous échangerez avec des professionnels ; vous vivrez des immersions, peut-être ferez-vous un ou plusieurs stages, etc. Mais vous ne pourrez appréhender pleinement la réalité du quotidien qu'une fois que vous aurez sauté dans le grand bain. Et, comme si tout cela ne suffisait pas, quand bien même votre nouvelle vie serait un rêve éveillé, vous risquez d'entendre de temps à autre cette petite voix qui prend un malin plaisir à vous faire douter. Cette même petite voix qui vous fait douter aujourd'hui de vous lancer – d'ailleurs, nasillarde et souvent suivie d'un « hin, hin, hin » diabolique. Mais, a priori, nul n'a encore trouvé le secret pour ne plus jamais être assailli de doutes : alors... autant douter, parfois, mais faire un métier que vous adorez tout le temps, non ?

CÔME : de banquier à boucher

« Mes journées sont folles : 70 % de mon temps, je travaille la viande. Mais je gère aussi les stocks, les achats, nos six employés… Et c'est très dur comme métier : tu te fais des coupures aux doigts tous les jours, tu as froid, tu portes des carcasses de 100 kg… »

AMBRE : d'assistante en maison de disques à institutrice

« Au début, j'ai galéré. Je n'ai jamais autant travaillé. La quantité de travail est énorme ! Je préparais mes cours la veille pour le lendemain, car je n'arrivais pas à m'avancer assez le week-end. »

CASSIE : de juriste dans un grand groupe à slasheuse pâtissière/coach

« Parfois, c'est dur. J'ai des petites voix qui me disent : "Mais qu'est-ce que tu as fait ? Tu n'y arriveras pas. Tu n'étais pas si mal avant…" »

ALI : de vice-président d'une banque à fondateur de start-up écoresponsables

« Je reste anxieux… C'est ancré en moi depuis trop d'années. On doit sortir de ce système de *reward*, et arrêter de se flageller. »

CHLOÉ : de cheffe de projet en marketing à fleuriste

« Ça a été super dur. Surtout par rapport à mes parents, qui me disaient : "Tu fais ta crise d'ado." »

LUCAS : d'étudiant en droit à fondateur d'une marque de jus responsables

« Parfois, j'ai peur d'échouer et d'avoir honte auprès de mes proches. »

PEUT-ÊTRE QUE JE N'AURAI PAS UN JOB DE RÊVE

Même les professions qui en font rêver plus d'un viennent avec leur lot de difficultés et de déceptions. Les artistes se rendent à des centaines de castings dans l'attente du rôle de leurs rêves, les astronautes s'entraînent durant des années avant de passer quelques semaines dans l'espace, les médecins enchaînent des heures de consultations auprès de malades imaginaires, les pilotes de ligne vivent loin de leurs familles, les sportifs professionnels prennent leur retraite à 40 ans, certains pompiers disent avoir sauvé plus souvent des chats bloqués dans des tilleuls que des vies humaines, etc. Alors, même si de nombreux reconvertis disent avoir trouvé leur « job de rêve » et que l'on a vite fait de penser que leur monde est aussi féerique que celui du tableau au-dessus de notre lit de bébé (mais si, souvenez-vous, celui avec une licorne, un arc-en-ciel et des papillons), pour le commun des mortels, le métier parfait n'existe pas. La reconversion n'est pas toujours un eldorado, et il n'y a donc rien de surprenant à ce que, une fois reconverti, vous déchantiez un peu. Mais ce n'est pas parce que vous n'avez pas un job de rêve que votre job ne vous fera pas rêver. Et puis... tant que vous êtes heureux a minima un peu plus qu'avant, vous aurez réussi votre pari, non ?

ELVIE : d'assistante de direction artistique dans le luxe à fondatrice d'une marque de mode éthique

« Au début, j'étais ultra-créative, j'avais beaucoup d'énergie. Là, je commence à fatiguer, par manque de moyens. Mais tu peux être créatif dans la façon dont tu gères ton entreprise, dont tu la fais grandir. Ça ne se résume pas à dessiner des vêtements. »

PRUNE : de journaliste à actrice

« Entreprendre une carrière artistique n'est pas facile. Tu as des hauts, des bas, des moments où tu doutes beaucoup et d'autres ou tu sens que tu pourrais soulever des montagnes. Mais une chose est sûre : travailler pour soi et pour son rêve, ça n'a pas de prix. »

LIAM : d'étudiant en gestion à acteur

« Tu as des attentes, des rêves, mais tu passes parfois des castings pour des trucs que tu n'aimes pas. »

ROMY : de directrice dans le secteur de la *food* à viticultrice

« Ce qui me manque par rapport à mon expérience en *food* quand je gérais la boîte, c'est l'adrénaline du quotidien, avec des journées trop courtes pour tout ce que j'avais à faire. C'était plus intense que maintenant. »

MATTEO : de consultant à humoriste

« Tu dois jouer tous les soirs, pour tester tes blagues. Tu es tout le temps en rodage, tu fais le tour des bars, des plateaux, tu réussis, tu bides... C'est dur au début, car tu te sens comme une m.... quand tu connais personne. Parfois, j'ai jusqu'à six dates par week-end. Je charbonne. Les créneaux de stand-up à Paris, c'est précieux. C'est beaucoup de galères, mais ça fait partie de ton taf. Il faut envoyer des vidéos de tes passages, faire partie des bons *crews*... »

POUR CONCLURE...

S'il serait utopique de penser que le fait de vous reconvertir vous permettra d'aspirer à une existence parfaite en tout point, le risque d'être déçu est inversement proportionnel aux efforts que vous aurez placés dans votre préparation. Et puis, que serait la vie sans un peu de prise de risque ? Le premier homme, ou la première femme, qui a décidé d'ouvrir une huître et de la gober vivante a dû se réjouir d'avoir fait preuve d'un tel courage[23]. Attention toutefois à ne pas vous reconvertir pour les mauvaises raisons (fuite en avant, influence de l'entourage, volonté d'être plus riche, idéalisation du « job passion »...). Pour faire le bon choix, n'hésitez pas à solliciter un pro.

23. Bien qu'à titre personnel mes tentatives répétées, Noël après Noël, continuent d'être aussi infructueuses.

FICHE #3.

Devrais-je envisager de me reconvertir ?

#1. Après un voyage à bord de la DeLorean de Marty McFly et Doc., vous arrivez en Grèce antique (ou à Rome, ou en Égypte, ou n'importe où, tant que vous restez sur notre planète) : quel est votre métier ?

#2. Soyons sérieux et revenons au XXIe siècle : le génie d'Aladdin (bon, nous serons sérieux plus tard) vous propose de vous trouver votre job de rêve. Que lui répondez-vous ?

#3. Sur une échelle de 1 à 10, 1 étant « radicalement différent » et 10 « exactement pareil », à combien votre job de rêve est-il comparable à votre job actuel ?

1 2 3 4 5 6 7 8 9 10

Décrivez l'état associé à ce chiffre :

#4. Nouveau voyage à bord de la DeLorean. Vous vous retrouvez en face de votre « vous » qui s'apprête à s'inscrire en études supérieures (ou à candidater à votre job actuel, s'il n'a rien à voir avec votre domaine d'études) : quel(s) conseil(s) lui donnez-vous ?

#5. Imaginons, juste comme ça, hein, que votre choix d'études (ou de job) n'ait pas été un choix de cœur : quelle est/sont la/les personne(s) qui l'ont influencé, et comment ?

Exemple : Vos parents, vos amis, vos professeurs, vos managers...

#6. Mais on ne fait que parler travail, ici ! Oublions-le deux minutes : dans les autres domaines de votre vie, comment faites-vous vos choix ?

Exemple : Je suis mon intuition, j'écoute les autres, je vais trop vite, je prends mon temps, j'attends le dernier moment, je « sur-rationalise »...

Comparez la manière dont vous faites vos choix dans votre vie pro et perso. Que remarquez-vous ?

....

....

....

....

....

....

....

....

....

....

....

....

....

3 actions à mettre en place dès demain, pour poursuivre ma réflexion :

-
-
-

Vous ne voulez pas vous reconvertir ?

En théorie, vous pouvez vous passer de la lecture du prochain chapitre (« Chercher sa voie »). Mais permettez-moi de vous donner un petit conseil : lisez-le quand même, juste au cas où. Oui, oui, vraiment, faites-moi confiance...

— Chapitre 3 —
CHERCHER SA VOIE

Touchée par une crise économique depuis de nombreuses années, la filière ovine[24] française doit faire face au départ en retraite, d'ici à 2030, de 50 % des bergers actuels. Afin de trouver 10 000 nouveaux éleveurs, elle a lancé un programme de redynamisation de la profession : Inn'Ovin. Si le chapitre sur la reconversion vous a convaincu qu'il était temps pour vous d'abandonner ce métier que vous haïssez tant, deux options s'offrent à vous : 1 - Fermer ce livre et foncer sur *inn-ovin.fr*. 2 - Cesser de dire que vous allez « tout plaquer pour élever des chèvres dans le Larzac », et vous mettre en quête de votre ou vos voies dès aujourd'hui.

Trouver son ou ses domaines de reconversion est un processus long et coûteux, aux sens propre comme figuré. Il suffit hélas rarement de lire quelques pages, ni même quelques livres, pour trouver sa voie. Et les pages qui suivent n'ont donc aucunement vocation à se substituer à d'autres ressources sur le sujet et/ou à l'accompagnement d'un professionnel. Vous y trouverez néanmoins une liste non exhaustive de conseils pour chercher votre ou vos voies. Notez que vous pouvez tout aussi bien utiliser ces pistes de réflexion pour une reconversion dans l'entreprenariat que pour rester salarié.

#1. COMMENT M'Y PRENDRE ? — 192
#2. MA VOIE... OU MES VOIES ? — 216
#3. ME TROMPER, APPRENDRE, ET RECOMMENCER — 221

---

24. La définition du *Larousse* du mot « ovine » (car, à titre personnel, j'en ai eu besoin) est : « Qui concerne le mouton. »

#1. COMMENT M'Y PRENDRE ?

J'AI UNE PASSION DEPUIS TOUJOURS

Une fois projetés dans la vie active, combien d'entre nous observent, jour après jour, leur reflet dans la vitre du métro bondé, en se demandant à quel moment leurs « rêves de gosse » leur ont échappé ? À quand remonte la dernière fois où ils ont tenu un pinceau, ou ouvert leur piano ? La bonne nouvelle, c'est qu'il n'est (presque) jamais trop tard. Il vous sera difficile de devenir champion olympique de patinage artistique ou astronaute à 40 ans ; mais, si votre projet est un tant soit peu faisable, votre démission peut être une excellente opportunité pour vous lancer dans votre passion. Je vous entends d'ici : « Je rêve d'un job passion, mais je n'ai pas de passion ! » Nous distinguons souvent les « véritables passions » (l'art, l'artisanat, le sport, la médecine, l'enseignement...) des « banals centres d'intérêt ». Autrement dit, le contrôleur fiscal devenu danseur contemporain fera parler de lui ; le danseur contemporain devenu contrôleur fiscal, un peu moins. Pourtant, aucune passion n'est plus noble qu'une autre, tant qu'elle ne fait de mal ni à notre chère planète ni aux créatures qui la peuplent. Peut-être avez-vous une passion que vous n'avez simplement jamais osé nommer comme telle.

— TARA SWART, *La Source*

Suivre sa passion, c'est exprimer une finalité intérieure forte. On commet une grave erreur à vouloir devenir riche ou acquérir les symboles d'un style de vie flamboyant, si cela ne correspond pas à l'essence de notre passion.

ADÈLE : de manager dans l'informatique à pâtissière

« La pâtisserie est un super souvenir pour moi. J'ai toujours eu un lien avec la nature, mes grands-parents étaient agriculteurs. Tu prends du blé, du beurre, des œufs, et ça te fait des centaines de gâteaux différents... »

ANNA : de webmaster à DJ

« La musique a toujours été une de mes grandes passions. J'avais envie de mixer depuis longtemps. Mais on me disait : "Ce n'est pas fait pour tout le monde, cherche autre chose" »

AVA : de consultante en digital à prof de tennis

« Après dix ans, j'ai enfin arrêté d'être la "sportive du dimanche". J'ai repris la feuille de route que j'avais eue durant vingt ans, celle qui me permettait d'être épanouie. Et là, je me suis dit : "J'ai vraiment envie de faire quelque chose dans le sport." »

PRUNE : de journaliste à actrice

« J'ai toujours rêvé d'être comédienne. Mais j'avais intériorisé l'idée que ce n'était pas un "vrai métier". J'enviais les actrices des films que j'allais voir. Chaque été, je me renseignais sur les stages du cours Florent, sans oser. »

ADAM : d'ingénieur à producteur de musiques électroniques

« Je fais de la musique sous toutes ses formes depuis que j'ai 10 ans : guitare, batterie... J'avais même un groupe au lycée, et on a fait des concerts, notamment à la Cigale. C'était génial. »

MON EXPÉRIENCE

L'objet que vous tenez entre vos mains est l'aboutissement d'un projet qui a vu le jour parce que je me suis reconnectée à l'une de mes passions d'enfant : l'écriture. Dès mon plus jeune âge, mes parents m'ont incitée à lire aussi fortement qu'ils m'ont défendue de franchir le seuil de la « pièce télé »... Et ma reconnaissance, aujourd'hui, est aussi grande que le fut à l'époque ma tristesse de ne pas pouvoir suivre les ô combien passionnantes aventures des chanteuses Jennifer, Nolwenn Leroy et autres Élodie Frégé.

Une fois mes devoirs terminés, je plongeais dans mes livres, ou j'écrivais des histoires. Avoir la chance de vivre à Provins – une magnifique cité médiévale perdue au milieu des champs – alimentait mon imaginaire. Mes héros vivaient de fantastiques épopées, combattaient des monstres imaginaires, voyageaient dans le temps ; et, d'ailleurs, si vous avez conservé vos magazines *J'aime lire* pour les feuilleter avec vos enfants, peut-être y lirez-vous une de mes histoires... Mais revenons à nos moutons : si mon rythme parisien effréné m'a éloignée durant plus de dix ans de ma passion pour l'écriture, j'ai fini par y revenir. Désormais « officiellement » autrice, j'espère de tout cœur que cet ouvrage sera le premier d'une longue, trèèès longue, série.

JE ME DÉCOUVRE UNE NOUVELLE PASSION

Vous rêvez d'un job passion, mais vous n'avez pas de passion ? La bonne nouvelle, c'est que, de la même manière que vous pouvez rencontrer votre âme sœur à 80 ans (bien que, si vous rêvez de la rencontrer, je vous souhaite que cela arrive un tantinet plus tôt), la science ne définit aucun âge limite pour se découvrir une passion. Faites preuve de curiosité et d'ouverture d'esprit, et vous n'aurez aucune peine à dénicher de nombreux domaines qui vous passionnent... Et parmi eux, *a minima* un dans lequel il sera réaliste de vous lancer. Et si ce jour n'arrive jamais, vous pourrez vous consoler ainsi : un « job passion » n'est pas sans risques. Parmi eux : travailler tellement que l'on brûle la chandelle par les deux bouts, trouver moins de charme à notre passion une fois qu'elle est associée à des impératifs financiers et administratifs, être déçu de certains mondes fermés de passionnés souvent plus séduisants de l'extérieur que de l'intérieur (monde de la nuit, de la mode, du cinéma, du sport...), etc. Une reconversion ne doit en aucun cas être une exhortation à trouver sa passion et à en vivre. Si vous décidez de cantonner votre passion au rang de loisir, ça ne signifie aucunement que vous ne serez pas passionné par votre vrai job. Car, si tout job passion est passionnant, tout job passionnant n'est pas un job passion. Vous suivez ?

EMMA : de consultante à fondatrice d'une marque de patrons de couture

« J'ai découvert la couture. Faire usage de mes mains me plaisait. J'ai commencé à apprendre dans mon coin, avant de suivre des cours du soir. L'idée de créer mes propres patrons est venue naturellement. »

MILA : de directrice RH à maquilleuse

« Pendant mon congé mat, j'avais regardé des vidéos sur le maquillage. J'étais devenue addict. J'ai acheté du maquillage, fait des looks sur moi... puis sur mes copines. J'adorais ça. »

JUAN : d'ingénieur à cuisinier

« À la rentrée 2021, j'ai obtenu mon premier CDI dans un resto gastro. Je bossais de 8 heures à 23 heures, avec quarante-cinq minutes de pause déjeuner. Il y a un décalage entre ce que les gens pensent que la restauration est et ce qu'elle est vraiment. C'était la cata, humainement. J'ai démissionné. Je me suis promis de ne plus rogner sur mon équilibre. Les jobs passion c'est bien, mais ça peut coûter cher. J'ai cherché dans des restos à la cuisine moins élaborée, mais qui me convenaient mieux. »

MON EXPÉRIENCE

Début 2022, au MK2 de Jaurès, à Paris, je découvre *West Side Story*, par Steven Spielberg. J'avais vu de nombreuses comédies musicales par le passé, mais, ce soir-là, j'ai une révélation : la comédie musicale est un art si complet ! Je passe la séance bouche bée, et je sors du cinéma bouleversée. C'est décidé, en août prochain, je ferai un stage intensif de cinquante heures de comédie musicale au cours Florent. Le jour J, je suis tétanisée. Je n'ai jamais pris de cours de chant, de théâtre ni de danse (hormis quelques années de classique). La seule raison qui me pousse à entrer dans le bâtiment est de savoir que je ne peux pas être remboursée. Mais, dès la première heure, je respire : je suis là où je dois être – et cette nouvelle passion ne me quittera jamais. À la fin du stage, je passe l'audition pour intégrer la formation professionnelle, et… je suis admise. Mais, même si c'est dur, je décline la proposition. À ce stade de ma vie, les sacrifices logistiques et financiers sont trop importants, et je préfère me lancer dans l'écriture de ce livre et devenir coach. C'est un métier que la société ne qualifie pas (encore ?) de « job passion », contrairement à celui d'artiste, mais je sais qu'il me passionnera tout autant que ce nouveau rêve.

Quant à mon histoire avec la comédie musicale, elle ne s'arrêta bien sûr pas là : j'ai effectué deux autres stages de cinquante heures depuis, et je viens de m'inscrire à des cours amateurs hebdomadaires[25], une option plus réaliste aujourd'hui. J'ai longtemps pensé qu'il était trop tard pour que je me lance « sérieusement » en comédie musicale. Aujourd'hui, je préfère me dire qu'il est trop tôt. Une histoire de verre à moitié vide ou à moitié plein, en somme. Vous ne pourrez (peut-être) jamais vivre de votre passion. Et alors ! ? Au moins, vous en avez une. Tout le monde ne peut pas en dire autant.

25. D'ailleurs, je me produis sur scène en juin 2024 devant 200 personnes, dans le rôle de Donna, la maman rebelle dans la comédie musicale *Mamma Mia*. Au vu de la concurrence au sein du monde artistique, mon petit doigt me dit que je n'aurais pas eu une opportunité pareille de sitôt en intégrant une formation pro.

JE ME REPLONGE DANS MES EXPÉRIENCES – PROS COMME PERSOS

En 1975, le psychologue Mihaly Csikszentmihalyi identifie l'état de *flow*. Il s'agit d'un état psychique associé à une expérience optimale, c'est-à-dire une activité dans laquelle nous sommes profondément engagés parce qu'elle nous intéresse en tant que telle, et non parce qu'elle nous aide à atteindre un objectif. Quand il s'agit de chercher notre ou nos voies, nos expériences passées peuvent constituer une aide précieuse. À l'inverse, vous avez aussi vécu un certain nombre d'expériences négatives. Par exemple, peut-être avez-vous traversé une épreuve dont vous vous êtes relevé (deuil, maladie, accident, harcèlement, divorce, licenciement...). Vous pourriez venir en aide aux personnes qui vivent un événement semblable, en créant une offre dans ce domaine ou en rejoignant une entreprise qui agirait en ce sens. Si la magie a opéré sur vous, il y a toutes les raisons de croire qu'elle opérera sur elles. Et puis vous avez vécu ce qu'elles vivent, vous comprenez donc mieux que quiconque leurs besoins, questionnements, craintes, souffrances, etc. Votre retour d'expérience est donc particulièrement légitime. Enfin, aider des personnes qui traversent une épreuve que vous avez vous-même traversée peut achever de vous permettre de tourner définitivement la page (si tel n'était pas déjà le cas, quand cela est possible, bien entendu).

YANN : de commercial dans l'événementiel à restaurateur

« En échange à Shanghai, je suis tombé raide dingue d'un ravioli grillé. J'ai appris le pliage dans des restos, j'ai acquis du savoir-faire, j'ai réfléchi à des recettes... »

EZRA : de chef de projet en start-up à fondateur d'un atelier de réparation de vélos

« Lors de mes nombreux voyages, je suis devenu très minimaliste : tout ce dont j'avais besoin, c'était un café, un jus d'orange et un vélo. »

ELLA : de cheffe de projet au sein d'une fondation à guide touristique

« J'ai repensé à un voyage que j'avais fait à New York quelques mois plus tôt : je passais les journées seule à arpenter la ville, et le soir je rejoignais un ami à qui je racontais tout ce que j'avais vu et appris, avec une grande excitation... »

TOM : de directeur de la communication à ébéniste

« J'avais rénové pas mal d'apparts. Et quand je faisais ça, je ne voyais pas le temps passer. Très vite, l'artisanat est arrivé dans mon esprit. Je voulais créer quelque chose dont je serais fier, et dont les gens seraient fiers. »

LOUIS : de manager au sein d'un Big Four à disquaire

« Notre point de délivrance de nos jobs qui nous rendaient malheureux avec mon groupe de potes, c'était la musique. On avait tous nos platines, et on se retrouvait le soir pour passer des disques et se détendre. Il y avait une émotion magique. »

GWEN : de directrice de la communication à coach sportive

« Ces dernières années, je me suis découvert une passion pour le sport, qui m'a sauvée physiquement et psychologiquement. J'ai perdu 15 kg ! Je me disais : "Un jour, j'aimerais aider les filles qui se sentent mal dans leur peau." »

CLAIRE : de cheffe de projet en start-up à fondatrice d'un podcast sur l'entrepreneuriat féminin

« J'avais 24 ans, j'étais un peu perdue, et j'ai commencé à écouter des podcasts américains pour découvrir des parcours. Ils m'ont appris à me poser les bonnes questions. [...] Je me suis alors dit : "Les podcasts m'ont aidée, pourquoi ne pas en lancer un ?" »

MON EXPÉRIENCE

Lorsque j'ai décidé de devenir coach, le fait de me plonger dans mon histoire, d'analyser à la loupe ce patchwork aux multiples matières et couleurs, a fortement pesé dans la balance. D'une part, j'ai repensé à mes mauvaises expériences (professionnelles pour la plupart, et dont vous avez eu un aperçu dans la première partie de ce livre), et j'en ai déduit que je voulais aider un maximum de personnes à créer la vie qu'ils souhaitaient plutôt que de les laisser passer des mois, voire des années, bloqués dans une spirale infernale (car la vie est très courte, et passe très vite).

Et d'autre part, j'ai repensé à des expériences heureuses : quand j'échangeais avec mes cent invités, quand je lisais les remerciements d'abonnés qui, grâce à *I quit, thanks*, ont démissionné (ou compris qu'ils devaient le faire, ou trouver leur voie, ou cesser de culpabiliser, tout simplement), quand des inconnus en soirée me confiaient leurs problèmes, mais aussi et surtout leurs espoirs et leurs rêves. Et j'ai compris que, plutôt qu'une reconversion radicale, il suffisait de redresser la barre : ma mission n'était pas – comme ma sombre formation de « management » (de quoi, de qui ? Allez savoir) me l'avait mis en tête – d'aider les entreprises à gagner plus d'argent. Ma mission était d'aider les humains à être plus heureux. Plus fun, non ?

JE PARS D'UN BESOIN (PERSONNEL, OU QUE J'AI CONSTATÉ CHEZ LES AUTRES)

De nombreux entrepreneurs ont trouvé leur idée de boîte en cherchant à faciliter leur quotidien. Ils ont remarqué que quelque chose leur compliquait la vie, et, en creusant, ils ont constaté qu'ils n'étaient pas les seuls dans ce cas. Et, quand bien même la réponse à ce besoin aurait déjà été trouvée, rien ne vous empêche d'y aller quand même. Vous aurez un autre point de vue sur le problème, et apporterez donc une réponse différente, voire mieux adaptée pour certains. Si vous ne ressentez pas de besoin particulier, vous pouvez observer les comportements, les tendances… et remarquer un besoin qui n'aurait pas de réponse sur le marché, ou du moins pas complètement satisfaisante. Par ailleurs, n'oubliez pas que les entreprises ont des besoins : entreprendre, respecter les règles, avoir les bonnes compétences, faire des économies, simplifier la vie, gagner du temps, développer leur business, financer leurs projets, avoir un impact positif sur le monde… Enfin, si vous ne voulez pas entreprendre, cela ne pose aucun problème : vous pouvez rejoindre une entreprise dont tout ou partie de l'activité consisterait à répondre à ce besoin.

ILS SONT PARTIS D'UN BESOIN PERSONNEL

ROSS : d'analyste en M&A à cofondateur d'un blog sur le voyage responsable

« Je prépare un voyage en Islande. Avec un ami ayant voyagé récemment au Sri Lanka, on confronte nos manières de voyager, et on constate qu'on passe par des blogs, des sites... C'est chronophage. »

THÉO : de commercial au sein d'un cabinet de conseil à fondateur d'un podcast sur l'écologie

« Malgré mon envie d'en savoir plus, il m'était difficile de trouver du contenu qui m'éduque sur les enjeux environnementaux et me permette de mieux comprendre ces sujets. C'est comme ça que l'idée du podcast sur l'écologie et l'entrepreneuriat m'est apparue. »

GAËL : de responsable commercial à fondateur d'une marque de puzzles

« Un jour, j'ai fini un puzzle que je n'ai pas trouvé très beau. Je me suis alors dit : "Je vais lancer ma propre marque de puzzles, que je vais essayer de rendre très esthétiques." Par ailleurs, je me suis rendu compte qu'il y avait peu d'offres à ce niveau-là. J'ai tout simplement eu l'idée du puzzle en faisant des puzzles. »

ZACH : de chef de projets urbains à fondateur d'une marque de mode éthique

« J'achetais des marques françaises ayant une très bonne com, et j'avais peur de me faire avoir par des arguments marketing du type *green washing*. Je me disais : "Comment aller au fond du vêtement et savoir ce qu'il en est réellement sur les matières premières, les étapes, les lieux de production ?" »

JEAN : de nanochimiste à fondateur d'une plateforme de consommation responsable

« J'ai appris que j'allais être père de jumeaux. Ma perspective sur la vie et mes priorités ont changé ! Avec ma femme, on a changé de façon de consommer. On s'est rendu compte qu'on avait du mal à trouver des produits sains et responsables. Mais c'est au moment où j'ai arrêté de travailler que notre budget a explosé à cause de notre consommation de produits bio... Pas l'idéal. Je suis donc parti d'une frustration personnelle pour créer mon projet. Je me suis dit : "Si j'ai ces problèmes, je ne suis sûrement pas le seul." »

MARIUS : d'ingénieur travaux à fondateur d'une plateforme de préparation laïque au mariage

« On s'est mariés à l'Église avec ma femme, et on s'est retrouvés, par exemple, à devoir dire un jour devant 25 autres couples qui nous écoutaient pourquoi on s'aimait l'un et l'autre, haut et fort, le tout en 5 minutes. La préparation au mariage, c'est un moment qui est hyper intime, où on aborde des sujets qui ne sont pas forcément faciles pour tous. On trouvait ça dommage que seuls les couples qui se marient religieusement aient accès à ce qu'on appelle une "préparation au mariage". »

ILS ONT CONSTATÉ UN BESOIN SOCIAL

MAX : de commercial à fondateur d'une solution d'aide à la reconversion

« Le covid a été synonyme de perte de relation. On a trouvé intéressant de refaire des stages pour permettre aux gens de faire des rencontres et de partager un moment convivial et bien réel. »

NINA : de responsable recrutement à coach

« En entretien, je voyais tout le temps les mêmes erreurs, même à haut niveau ! Ça a été mon déclencheur. Je ne voulais plus me contenter de donner des conseils : je voulais développer quelque chose de transformatif. »

SAMI : d'étudiant en commerce à fondateur d'une marque de boissons bio

« Étant coprésidents du BDE en parallèle, on a constaté que pas mal de gens n'aimaient pas la bière. Et pourtant, sur le marché des boissons faiblement alcoolisées et faciles à boire, il existe peu d'alternatives, à part le cidre… »

MATTIS : de directeur juridique à fondateur d'une solution pour simplifier la réponse aux appels d'offres

« Au cours de mes diverses expériences, j'ai pu constater qu'une large majorité de boîtes géraient encore leurs offres commerciales à l'aide de Word et Excel, générant difficultés, erreurs et grandes frustrations. »

ELLES ONT CONSTATÉ UN BESOIN ÉCOLOGIQUE

VICKIE : de manager dans le nucléaire à fondatrice d'une solution pour réduire l'impact des entreprises sur l'océan

« Je me suis dit : "Qu'est-ce que je veux faire ? Quel est le problème qui va m'obséder, et que je chercherai à résoudre par tous les moyens ?" Et mon problème, c'est la protection de l'océan. [...] J'ai fondé une solution d'accompagnement pour aider les entreprises à minimiser leur impact sur l'océan. »

TARA : de formatrice à éco-aventurière

« J'étais révoltée par l'omniprésence du plastique, et reconnaissante de l'engagement des activistes qui vont au bout de leurs convictions. En 2019, j'ai quitté mon job et créé le Projet A. : des aventures au service de l'environnement. »

ILS ONT CONSTATÉ UN BESOIN SOCIAL ET ÉCOLOGIQUE

BILLIE : de directrice de création à cofondatrice d'une marque de parfums responsables

« Un jour, en voyage au Brésil, j'ai assisté à une conférence B Corp de Natura (marque de cosmétiques brésilienne). J'ai trouvé génial que des patrons essaient de mélanger des enjeux business et commerciaux avec un engagement social et écologique. »

ELVIE : d'assistante de direction artistique dans le luxe à fondatrice d'une marque de mode éthique

« Depuis toujours, j'étais passionnée par la mode, par le côté "sociologique" des vêtements. Depuis que j'ai 16 ans, je veux rendre visibles les gens qui créent les vêtements, et faire de la mode éthique. »

MAËL : d'assistant commercial en grand groupe à fondateur d'une marque de jus bio

« En parallèle de mon job, j'étais livreur Deliveroo. En discutant avec les restaurateurs, j'ai constaté que toutes leurs boissons étaient chimiques, mauvaises, pas responsables, pas saines. »

MIA : de community manager dans une PME à fondatrice d'un média sur l'écologie

« Ça faisait quelques semaines que je pensais faire une newsletter à envoyer à mon entourage, dans laquelle je leur raconterais ce que j'apprenais sur l'écologie et les marques qui permettent de consommer bien sans se prendre la tête. »

MON EXPÉRIENCE

Dans cette salle de réunion de l'usine de filtres automobiles, j'aurais pu me cantonner au fait d'échanger avec des démissionnaires heureux et de garder le contenu de ces échanges pour moi. Personne ne m'en aurait voulu, personne n'aurait pensé de moi que j'étais une personne égoïste. Après tout, j'étais surchargée de travail dans mon job de consultante, et la synthèse, la remise en forme et le partage de ces interviews occuperaient une part non négligeable de mon temps libre, déjà bien réduit.

Mais il m'a semblé évident qu'en échangeant avec des démissionnaires heureux je tenais ma chance d'enfin me rendre utile, d'enfin « aider mon prochain ». J'étais entourée (et le suis encore, dans une moindre mesure, heureusement) d'amis malheureux dans leurs jobs. Ma réflexion fut alors simple : les gens malheureux au travail sont très (trop) nombreux. Et moi, je vais tenter de les aider.

JE FAIS CONFIANCE À MON INTUITION

L'intuition est un peu notre sixième sens. C'est un phénomène qui se produit dans notre cerveau, et qui nous pousse à nous orienter vers une solution parce qu'on « sent » que c'est la meilleure. N'avez-vous pas pris certaines des meilleures décisions de votre vie sur un coup de tête ? Attention, une reconversion a pour but d'être épanoui professionnellement tout en étant indépendant financièrement, et toutes les voies ne sont donc pas réalistement envisageables. Il ne s'agit pas d'agir de manière irréfléchie. Si ladite activité est radicalement éloignée de celle dont vous êtes issu, au même titre que si vous décidez de vous reconvertir dans votre passion, il ne tient qu'à vous d'estimer le réalisme de votre projet. Par exemple, vous lancer dans un tour du monde à poney a plus de chances de virer au cauchemar au bout de quelques heures que de faire de vous un explorateur accompli. Mais, si les voyants sont au vert, tentez le tout pour le tout. En outre, soyez rassuré : votre petit doigt peut tout à fait vous dire de vous orienter vers une voie qui vous permettra tout à fait de capitaliser sur des compétences et qualités que vous possédez déjà. Une « reconversion intuition » (ce terme est tout à fait inventé) ne rime pas forcément avec « repartir de zéro et se former à la sueur de son front et dans d'atroces souffrances ». Et heureusement.

AMBRE : d'assistante en maison de disques à institutrice

« Je n'avais aucune idée de quoi faire. Je me suis inscrite au concours de professeur des écoles sans y croire. Ça me trottait dans la tête depuis un certain temps, mais je n'y pensais pas sérieusement. »

JOHAN : de chef de projet en start-up à influenceur *food*

« Lors d'un déjeuner avec ma sœur, le jeu de mots "baba au run" m'a fait rire. Je lui ai dit : "Je vais lancer un service de livraison de babas au rhum en courant." »

KYLE : de chef de projet en start-up à fabricant de confitures bio au miel

« L'idée des confitures m'était venue à la table de ma cuisine. Les confitures, on en a toujours au petit déj. J'ai donc eu envie d'essayer d'en faire. »

SACHA : de manager en start-up à ébéniste

« J'ai sorti ma *bucket list* : faire le tour du monde à la voile, surfer à Tahiti, apprendre le portugais... Et il y avait : construire une planche de surf en bois. »

JOËL : de chargé de clientèle à formateur en entreprise

« J'ai été envoyé en formation, et le formateur m'a marqué. C'était un gars extraordinaire. J'ai pensé que ce serait super de devenir formateur. En plus, je suis extraverti, j'aime discuter avec les gens. »

MON EXPÉRIENCE

Mon intuition a joué un rôle important sur la création de mon projet *I quit, thanks.* Lors d'un mariage, en juin 2019, ma voisine de table me raconta son burn-out et sa reconversion dans la pâtisserie. Bien que fraîchement diplômée et dénuée de tout intérêt pour les problématiques de reconversion professionnelle, j'ai senti quelque chose d'extrêmement puissant se passer en moi. J'ai été très troublée, sans parvenir à me l'expliquer. Puis je suis passée à autre chose. Un an plus tard, en juillet 2020, à la boutique Relay de la gare de Biarritz, j'ai feuilleté une revue, *Surf Session Mademoiselle.* Les splendides photos de surfeuses au coucher du soleil et la pureté des textes firent germer dans mon esprit l'idée d'un projet autour de la « liberté »... Quelle idée saugrenue ! Une fois de plus, je suis passée à autre chose.

Et, six mois plus tard, lors de ce déplacement dans l'usine de filtres automobiles alsacienne, j'ai créé *I quit, thanks.* La photo de profil ? Une surfeuse au coucher du soleil. Ma première invitée ? Reconvertie en pâtissière, suite à un burn-out. Je vous laisse deviner d'où vient la photo, et comment j'ai connu cette invitée. Dans l'avant-propos, je vous explique avoir eu l'idée de *I quit, thanks* quand j'ai compris que je devais démissionner, et que je ne trouverais le courage de le faire qu'auprès de démissionnaires heureux. C'est vrai... et faux. En réalité, j'avais eu l'idée avant. Mon intuition me l'avait soufflée à deux reprises. Je n'étais tout simplement pas encore prête à l'entendre.

JE SAISIS TOUTES LES OPPORTUNITÉS QUI SE PRÉSENTENT (VRAIMENT TOUTES)

Si vous recevez une proposition d'emploi (cofonder une start-up, rejoindre une entreprise...), votre « voie » vous est servie sur un plateau, mais vous ne recevrez peut-être aucune proposition (ou aucune qui vous intéresse). Mais alors, à quelles « opportunités » ce titre peut-il bien faire référence ? Il semblerait qu'il n'y ait pas grand-chose à saisir d'autre que votre ô combien profond désespoir. Eh bien justement..., détrompez-vous. Quand il s'agit de trouver sa voie, une opportunité consiste en tout et n'importe quoi. Vous avez tout à gagner à accepter à peu près tout ce que l'on vous propose, même si une proposition n'a, à première vue, aucune raison de déboucher sur votre nouveau job de rêve, ni de vous aider à y voir plus clair sur ce que vous voulez. Foncez à cet événement, rejoignez ce groupe de musique, ce projet caritatif, ce club de lecture ou même cette association de préservation des pandas roux. Une belle surprise vous attend peut-être au bout du chemin.

— OTIS, *Astérix & Obélix : Mission Cléopâtre*

Mais vous savez, moi, je ne crois pas qu'il y ait de bonne ou de mauvaise situation. Moi, si je devais résumer ma vie aujourd'hui avec vous, je dirais que c'est d'abord des rencontres, des gens qui m'ont tendu la main, peut-être à un moment où je ne pouvais pas, où j'étais seul chez moi. Et c'est assez curieux de se dire que les hasards, les rencontres forgent une destinée...

MALO : de chef de projet dans le luxe à fondateur d'une application qui réinvente la pause déjeuner

« J'aide un ami sur son projet de resto. Je passe du luxe au coupage de carottes et patates..., et je trouve ça cool ! Et là, je décide de créer mon application qui réinvente l'expérience de la pause déjeuner. »

LILY : de journaliste à illustratrice

« Une amie m'a conviée à un marché mensuel d'Arts and Crafts. J'y ai créé des cartes de Noël. J'aimais beaucoup le fait que les clients jugent le résultat de mon travail, et non un quelconque diplôme... »

CÔME : de banquier à boucher

« Un ami m'a dit : "Je te verrais bien en boucher." Et un jour, un client restaurateur m'a proposé de me faire visiter les abattoirs de Corbas (énorme plateforme pour Lyon et sa région). Je me suis dit : "Ça va être horrible, ça va me calmer." Mais, malgré le froid et les carcasses, je n'étais pas mal à l'aise. J'ai trouvé ça magnifique. J'ai fait un stage avec lui, de 5 heures du matin à 20 heures tous les jours. Au bout d'une semaine, je me suis dit : "C'est de la balle." Je n'avais plus du tout envie d'aller à l'agence. »

#2. MA VOIE… OU MES VOIES ?

JE CHOISIS DE NE PAS CHOISIR

Le terme « *slasheur* » (issu de l'anglais « *slash* », qui désigne la barre «/», que l'on peut utiliser pour séparer plusieurs métiers) rejoint le *Larousse*, en 2020, qui le définit ainsi : « Personne, généralement issue de la génération Y, qui exerce plusieurs emplois et/ou activités à la fois. » Si certaines personnes exercent plusieurs métiers par contrainte financière et afin de joindre les deux bouts, pour de nombreuses autres il s'agit d'un choix. Le choix de ne pas choisir une seule voie. Si le terme « *slashing* » est relativement récent, n'oublions pas que le concept l'est beaucoup moins. Selon Marielle Barbe, auteure de *Profession slasheur*[26], la figure du « polymathe », à savoir une personne érudite dans plusieurs domaines, était prônée dès la Renaissance. Léonard de Vinci, pour ne citer que lui, n'était guère que peintre, musicien, architecte, astronome, ingénieur militaire, mathématicien, anatomiste et inventeur. Un slasheur hors pair, en somme. Le cumul de plusieurs activités permet de nombreuses choses : arrondir vos fins de mois, trouver du sens, vous amuser, satisfaire votre curiosité, échapper à la routine, développer vos compétences…

Mais surtout, il permet de pallier le fait que le job parfait (s'il existe) est difficile à dénicher. De plus, qui dit cumul d'expériences dit multiplication de compétences. Or, selon l'OCDE, la durée de vie d'une compétence serait de deux ans aujourd'hui, versus trente ans en 1987. Le *slashing* semble donc être un excellent moyen de maintenir son employabilité dans un monde du travail de plus en plus incertain. En outre, n'oublions pas que la société et la planète ont grandement, et urgemment, besoin de nous (nous y reviendrons). Si vous ne souhaitez pas – ou n'êtes pas en mesure de – rejoindre le secteur de l'impact[27] à temps plein (peu ou pas d'offres dans votre région, salaires trop bas, offres qui ne correspondent pas à vos compétences ou à vos aspirations…), le *slashing* peut vous permettre d'y mettre un pied tout en continuant à exercer une ou plusieurs activités parallèles dans des secteurs différents.

26. Marielle Barbe, *Profession slasheur*, Marabout, Paris, 2017.
27. Un job « à impact » est un job dont l'impact positif va au-delà de l'enrichissement personnel, en contribuant à l'édification d'un monde meilleur, plus écologique et/ou social.

Enfin, si vous souhaitez vous reconvertir, le *slashing* peut vous éviter de mettre tous vos œufs dans le même panier. Vous pouvez continuer à exercer votre métier actuel à temps partiel, ou vous reconvertir dans deux (ou plus) domaines en parallèle, et multiplier ainsi vos chances de réussir ; bien que cette dernière option suppose d'optimiser un certain nombre de vos ressources (finances, temps, énergie…).

— TOM HODGKINSON, *L'Art d'être libre*

Une mauvaise solution, que vous balance la société moderne, est l'affreux « équilibre entre la vie et le travail ». […] Il n'y a qu'à rendre le travail bon, en faire un plaisir créatif, et vous n'aurez plus à vous soucier de trouver un équilibre entre le bon et le mauvais : tout sera bon !

JONAS : de juriste à slasheur chef de projet dans l'audiovisuel/prof de yoga

« Aujourd'hui, ça fait sept ans que je fais de la TV, et que je m'y sens comme un poisson dans l'eau. J'aime ce que je fais, ça me procure de l'adrénaline. Avec tous ces tournages…, j'ai la bougeotte ! Je trouve ça génial de s'adapter à la personne que tu as en face de toi. En parallèle, pendant le premier confinement, j'ai fait trois heures de yoga par jour, une vraie passion ! J'ai alors eu un déclic : je suis intermittent, j'ai donc des périodes de temps libre, alors… pourquoi ne pas faire une formation de prof de yoga ? Et j'ai donc suivi une formation en ligne, cet été. J'ai obtenu un deux-cents-heures *teacher training* en yoga ! […] Je trouve ça merveilleux de vivre de mes deux passions : la télé et le yoga. J'essaie d'être un vrai caméléon, de tout faire, et de le faire bien, c'est-à-dire avec mon cœur. »

GREG : d'animateur radio à slasheur fondateur d'un podcast/ coach

« J'ai démissionné, et après un mois de repos et de récupération, j'ai découvert une boîte qui recherchait des consultants en bilan de compétences. J'ai fait ma formation chez eux en juin 2022, et je suis aujourd'hui membre de leur réseau d'indépendants. En parallèle, je me suis rendu compte que je ne voulais pas abandonner complètement la radio. Je vais donc également contacter des établissements scolaires pour continuer à former les profs et les élèves aux métiers de la radio. J'ai aussi créé un podcast avec une amie : une émission d'une heure toutes les semaines où l'on rencontre les gens qui se présentent par leur métier dans un premier temps, et qui parlent un peu plus d'eux-mêmes dans un deuxième temps, afin de mettre en lumière l'humain derrière chaque job. Je souhaite vraiment rester à mon compte, car je suis touche-à-tout, j'aime faire des choses diverses. Et surtout, j'ai compris que ma liberté comptait beaucoup pour moi. »

AMIR : de manager au sein d'un Big Four à slasheur guide touristique/coach

« J'ai alors pensé : "Si le coaching a bien marché pour moi, pourquoi ne pas devenir coach ?" Et, en parallèle du coaching, j'emmène des touristes dans une distillerie pour une visite de deux heures (présentation du mezcal, cours et dégustation). »

CASSIE : de juriste dans un grand groupe à slasheuse pâtissière/coach

« En 2019, j'ai lancé mon entreprise de *cake design*. Ce sont des gâteaux décorés, bio et sans gluten, et vegan à la demande. J'ai aussi créé une formation pour les entrepreneures dans l'artisanat, l'art et le design. Je les aide à développer leur entreprise en préservant leur créativité, et en respectant leur rythme. L'idée, c'est de réapprendre à s'écouter, et d'aligner activités et énergies. »

MON EXPÉRIENCE

Je ne tire pas (encore) mes revenus de plusieurs activités différentes. Je ne peux donc me qualifier de « slasheuse » – du moins, tel que j'ai décrit ce terme dans la page précédente. À l'heure où j'écris ces lignes, je suis encore loin de vivre de mon écriture. Mon business de coach est à sa genèse. Quant à la comédie musicale, je ne peux décemment espérer me former à partir de 28 ans et toucher ne serait-ce qu'un centime grâce à cette activité.

Cependant, c'est bien l'articulation de ces trois activités de coach, d'autrice et d'artiste de comédie musicale que j'espère mettre en place dans ma vie. L'une me rémunérera ; l'autre moins ; et la troisième, pas du tout. Mais j'aspire à « rendre le travail bon », à « en faire un loisir créatif », comme nous incite à le faire Tom Hodgkinson. Et j'ai bon espoir que mes chances d'y parvenir augmenteront mécaniquement avec la variété des activités qui composeront mes semaines. Ma nièce de 8 ans m'a dit la chose suivante : « Quand je serai grande, je ferai un nouveau métier tous les ans : docteure, pompière, chanteuse... » La vérité ne sortirait-elle pas de la bouche des enfants ?

#3. ME TROMPER, APPRENDRE, ET RECOMMENCER

SI JE ME (RE)TROMPE DE VOIE, JE NE MOURRAI PAS DANS D'ATROCES SOUFFRANCES

Trouver sa voie – son fameux *ikigai* – est loin d'être chose aisée. De nombreuses personnes ne trouvent leur place dans ce monde (ou du moins leur ou leurs voies professionnelles, et c'est déjà un excellent début) qu'à l'issue d'un chemin long et sinueux et à la sueur de leur front ; ce qui, soit dit en passant, n'en rend l'atteinte de leur objectif que d'autant plus délectable. Alors, si vous échouez plusieurs fois avant de trouver votre voie, est-ce vraiment dramatique ? D'ailleurs, qu'est-ce que l'échec ? Plutôt que d'apporter une réponse à cette question hautement philosophique, revenons sur la perception très *frenchie* de celui-ci. En France, du CP aux études supérieures, la notation est basée sur nos erreurs : chacune d'entre elles nous fait perdre des points (ou, du moins, nous empêche d'en gagner) et nous éloigne un peu plus du ô combien glorieux 20/20. Cette vision négative de l'échec nous est inculquée dès notre plus tendre enfance, et perdure dans la jungle professionnelle. Si vous vous « plantez », c'est que vous n'avez pas assez travaillé, que vous n'êtes pas assez bon, que vous n'avez pas suivi les règles… La conséquence, pour de nombreuses personnes : une peur – voire un refus – de prendre des risques, et donc de se reconvertir et/ou d'entreprendre.

Heureusement, il existe d'autres manières de voir les choses. S'il serait bien trop simpliste de classer les « modèles » les uns par rapport aux autres, il est communément admis que, dans le modèle anglo-saxon ou scandinave, l'échec n'est pas péjoratif. Au contraire, c'est un élément nécessaire à la réussite. Et nos erreurs sont sources d'apprentissages, et contribuent donc à nous faire avancer. Autrement dit, c'est en comprenant nos échecs que nous apprenons ce qui fonctionne ou non, et pouvons l'appliquer à nos projets futurs ; ce qui est une manière sacrément chouette de voir les choses (bien que certains intervenants TEDx[28] forcent un peu le trait, et

28. Les conférences TEDx, nées dans les années 1980 en Californie, se déroulent aux quatre coins du monde. Grâce à des intervenants issus de domaines variés mais partageant d'excellentes capacités oratoires, elles mettent en lumière, comme leur slogan l'indique, des « idées qui méritent d'être diffusées ».

que leurs interventions en deviennent un tantinet caricaturales). Sachez, par ailleurs, que de nombreuses grandes innovations (la pénicilline, le pacemaker, les rayons X, le four à micro-ondes...) ont vu le jour dans le cadre d'expériences ratées. Si votre première tentative de reconversion n'est pas la bonne, plutôt que de perdre espoir, questionnez-vous sur les raisons de cet « échec ». Que vous vous trompiez de voie, une, deux ou dix fois : tout n'est pas forcément à jeter. Vous avez forcément appris deux ou trois choses utiles, et fait deux ou trois belles rencontres sur la route.

— TARA SWART, *La Source*

Les seules vraies erreurs sont celles dont on n'apprend rien. [...] Il faut persévérer quand les choses se corsent, et cesser de perdre son temps à se comparer aux autres ou même à ses réussites passées. L'important, c'est ce que vous désirez pour l'avenir.

MAYA : d'ingénieure d'affaires à fondatrice d'un club féminin

« À côté, j'adorais les cosmétiques naturels. Je faisais mes propres cosmétiques capillaires pour cheveux crépus, et vu qu'il y avait un essor de la cosmétique pour cheveux crépus, j'ai cherché à trouver un job dans ce secteur. Avec mon ex-associée, on a décidé de monter une boîte pour former les coiffeurs à coiffer les cheveux bouclés, frisés et crépus. On a finalement dû mettre ce projet en stand-by, faute d'investissement. »

EDEN : d'asset manager en grand groupe à créateur de tiers-lieux

« Je crée une première boîte, au croisement de mes passions et de mes compétences en finance. Je souhaitais racheter de vieux hôtels particuliers à Lisbonne, où l'immobilier ne valait plus rien. Je voulais créer une collection d'espaces de *co-living* partout dans le monde, des collocs un peu dingues pour les *digital nomads*. Un investisseur m'a aidé pour la première phase, puis j'ai fait une levée de fonds pour acheter les immeubles et les retaper, mais je n'ai pas réussi. »

AMBRE : d'assistante en maison de disques à institutrice

« Suite à un bilan de compétences ayant fait ressortir mon côté *"arty"*, je me suis inscrite à une formation de graphisme aux Gobelins. C'était super, j'ai retrouvé confiance en moi. Mais je ne me suis pas lancée. Démarcher des clients, c'est pas mon truc. Et puis, j'ai besoin d'un cadre. »

ENZO : de commercial en grand groupe à coach

« Je me suis formé, puis associé à des amis pour créer une boutique en ligne où l'on commercialisait des produits cosmétiques. Par la suite, de nouvelles boutiques ont vu le jour. Mais, pendant le confinement, j'ai beaucoup réfléchi sur mes besoins et sur moi-même, et j'ai fini par m'orienter vers le coaching. »

EZRA : de chef de projet en start-up à fondateur d'un atelier de réparation de vélos

« J'ai commencé à m'intéresser à la spiritualité, au bouddhisme... J'ai essayé professionnellement là-dedans, ça ne s'est pas fait. Du coup, j'ai décidé de préparer le CAPES pendant un an et demi... J'ai été embauché en tant que prof d'anglais dans une école primaire. J'ai démissionné, trois heures après. »

CASSIE : de juriste dans un grand groupe à slasheuse pâtissière/coach

« J'ai toujours voulu entreprendre. J'ai même créé une entreprise de robes et accessoires de mariage, il y a quelques années. Mais je ne le prenais pas au sérieux, c'était juste par plaisir... Je doutais, je me disais : "De toute façon, ça ne marchera pas." Ça m'a empêchée de m'impliquer à fond, et j'ai fini par m'autosaboter... J'avais beau avoir des commandes régulières, j'ai quand même fini par abandonner le projet. »

BEN : d'étudiant en économie à jardinier animateur

« Je suis jardinier animateur à Paris, dans une entreprise en agriculture urbaine qui propose des animations de jardinage pour les salariés au sein de potagers d'entreprises. Ce métier a plus de sens que celui que je faisais avant, c'est sûr. Mais je sens que je peux me sentir plus utile en aidant les autres. Je suis attiré par l'hortithérapie, le soin par le jardinage. [...] Je veux continuer à expérimenter autour du vivant, qui est une des clés pour changer son rapport à soi et aux autres, et son regard sur la vie. »

MON EXPÉRIENCE

L'année 2020 et, dans une moindre mesure, l'année 2021 furent d'interminables traversées du désert. Alors que je suis tout juste diplômée de Dauphine et de la Luiss (sa jumelle romaine, en quelque sorte), que j'ai déjà trois expériences en conseil à mon actif, et que ma tête est remplie de rêves d'expatriation dans des destinations lointaines et ensoleillées, je chute de trente étages. Le fabuleux cabinet que je devais rejoindre annule sa promesse d'embauche, suite à l'arrivée du covid. J'opte, à contrecœur, pour un cabinet qui me fait tomber dans les tréfonds de l'enfer. Je rejoins alors le « fabuleux » cabinet, pour me rendre compte qu'il n'a de fabuleux que sa capacité à me faire dépérir. Tout cela, sur fond de confinements, de couvre-feux, et d'une fuite effrénée de la réalité pour oublier à quel point ma vie n'est qu'une succession d'échecs cuisants.

Mais, des années plus tard, en analysant ces deux années avec d'autres lunettes, j'ai compris que de cette « lente agonie » était née une grande richesse. J'ai créé *I quit, thanks* et appris assez de choses pour en couvrir les pages d'un livre entier. J'ai compris ce à quoi j'aspirais vraiment, et j'ai cessé de me fondre dans un moule par peur (et flemme). En fait, ces deux années « d'échecs » m'ont fait grandir plus que les vingt-six « de succès » qui les ont précédées.

POUR CONCLURE…

Si ces quelques pages vous ont permis d'avoir l'illumination tant attendue quant à ce qu'est votre job de rêve, vous m'en voyez immensément honorée. Sinon : n'oubliez pas que vous pouvez solliciter l'aide d'un pro pour y voir plus clair… Et, quoi qu'il en soit, vous devriez a minima être rassuré sur trois points. Premièrement : trouver sa vocation ne signifie pas forcément se découvrir une passion. Deuxièmement : le monde évolue, et les modes de travail aussi. Troisièmement : si vous vous trompez, ce n'est pas la fin du monde, on efface tout (ou presque), et on recommence.

ELLES SE SONT FAIT COACHER

GINA : d'ingénieure à blogueuse pour mamans

« Il est ressorti que ce que je veux, au-delà du blogging, c'est partager l'expérience que j'ai vécue, aider les autres femmes dans mon cas qui n'osent pas se lancer. »

LÉA : de responsable formation dans le luxe à coach en anglais et en RH

« Je me suis dit : "Je peux renouer avec mon amour pour l'anglais." »

JOSÉPHINE : de cheffe de projet dans l'événementiel à coach

« J'ai fini par comprendre que ça ne me correspondait pas, que je ne serais pas motivée à me lancer le matin. En parallèle, je savais que je voulais travailler avec des femmes entrepreneures – c'est un de mes centres d'intérêt. Du coup, je voulais lancer une entreprise, certes, mais qui réponde vraiment à un besoin de cette cible-là. »

FLORE : de commerciale dans l'informatique à hypnothérapeute

« J'ai mis en œuvre ma créativité, mon empathie, mon envie d'accompagner les autres. J'ai étudié mon rapport aux autres, à l'argent… »

ILS ONT FAIT UN BILAN DE COMPÉTENCES

MADDIE : de directrice dans le luxe à coach

« J'ai réalisé mon envie de nouveauté, et d'être à mon compte. C'était évident pour moi que je voulais m'orienter vers l'accompagnement. »

LOÏC : de directeur dans le conseil sportif à coach en orientation pour adolescents

« J'ai déduit que je pouvais être coordinateur de projet associatif, ou une personne habilitée à faire passer des bilans de compétences. »

LOLA : d'agente immobilière à illustratrice

« Le côté artistique et créatif est ressorti immédiatement. Il me fallait un métier dans lequel j'utilise au quotidien des outils numériques (téléphone, ordinateur, tablette...). »

ROSIE : de cheffe de projet dans le *retail* à prof de sport

« J'ai compris que ce qui m'animait, c'était de fédérer le collectif. Je ne pensais plus "métier", mais "Qu'est-ce que je fais naturellement qui peut se transformer en compétence ?" Surtout, j'ai compris que j'avais envie d'apporter une transformation profonde dans le monde du travail, et que le sport n'est qu'un outil. »

ZOÉ : de fiscaliste à attachée de presse dans la musique

« Ça a changé ma vie. Ça m'a permis de me lancer dans une grande introspection de trois mois. Je devais répondre à des questionnaires qui allaient chercher dans les tréfonds de mon existence (mes rêves, les choses dans lesquelles j'excelle...). J'ai pleuré plusieurs fois ! En commençant ce bilan, je pensais être nulle. Je ne savais pas où aller, quelles étaient mes qualités et mes compétences. À la fin, j'ai retrouvé confiance en moi. Pendant les séances, j'avais beaucoup parlé de mon amour pour la musique. Et un jour, j'ai vu une annonce d'un webzine qui recherchait quelqu'un pour faire des photos de concerts et pour écrire des articles. C'est grâce à ce bilan que j'ai eu assez confiance en moi pour candidater. »

ELLE A FAIT DE L'HYPNOTHÉRAPIE

JIL : de directrice de la communication à barbière

« J'ai rencontré une hypnothérapeute qui m'a demandé de lui donner mon premier souvenir d'enfance qui réunisse l'ensemble de mes sens. Je lui ai raconté les moments passés à préparer la mousse à raser et les lames de mon père et de mes grands-pères, et à les regarder lorsqu'ils se rasaient. J'en ai encore des frissons. Je viens d'une famille d'hommes et de motards. Dans la rue, je regarde les barbes, j'analyse leurs coupes, leur look... C'était une évidence : je devais faire un stage dans un barber shop. »

MON EXPÉRIENCE

J'ai eu recours au coaching à deux reprises, pendant plusieurs mois à chaque fois. Ce n'était pourtant pas gagné. Durant des années, j'avais boudé le coaching (ainsi que la thérapie, et tous leurs cousins maléfiques). « Payer cent euros pour que l'on me pose des questions, sans même me fournir des réponses miracles toutes prêtes, ça ne va pas la tête ? Je ne suis pas Crésus ! » Ironiquement, tandis que je rechignais à investir un kopeck en ma propre personne, je n'hésitais pas à dépenser des sommes faramineuses chaque semaine dans des bars, restaurants, soirées et autres Uber, me permettant d'arpenter la capitale en long, en large et en travers. Même Crésus était plus économe.

Heureusement, un beau jour du printemps 2022, le déclic survint, et je décidai de me faire coacher. Un an plus tard, rebelote. Ces deux accompagnements m'ont permis d'atteindre des objectifs différents, mais ils ont deux points communs non négligeables : m'avoir permis de trouver ma voie (ou l'une de mes voies, du moins) en me révélant mon appétence pour le coaching, et surtout de m'avoir ôté les milliers de croyances limitantes qui me barraient la route. Je suis donc une ancienne coachée reconvertie en coach en reconversion. Vous suivez ?

FICHE #4.1

Comment chercher ma ou mes voies ?

JE ME CREUSE LES MÉNINGES

#1. Pensez à trois personnes qui vous inspirent. Quelles sont leurs valeurs communes ? Si vous deviez choisir trois valeurs à (re)trouver dans votre ou vos nouveaux métiers, quelles seraient-elles ?

Vous pouvez diviser cet espace en deux colonnes. À gauche, notez les noms de vos trois « mentors » (ils peuvent être réels ou fictifs, vivants ou non...). À droite, listez leurs valeurs communes. Puis entourez les trois qui comptent le plus pour vous.

Exemples : Justice, liberté, tolérance, travail, loyauté, discipline, créativité, autonomie, honnêteté...

#2. Vivre en cohérence avec ses valeurs est un besoin humain fondamental… Et vous savez ce qui en est un, aussi ? Celui de se sentir utile. Et justement, parlons-en de l'utilité : ça veut dire quoi, pour vous, « être utile au travail » ?

Pistes de réflexion : Utile à quelle échelle (à mon échelle, à grande échelle…) ? En ayant quel(s) type(s) d'impact(s) (individuel, sociétal, environnemental, un mix des trois…) ? En faisant quoi, concrètement ?

#3. Être aligné avec vos valeurs, vous sentir utile…, nous sommes d'accord, c'est la condition sine qua non à votre reconversion. Mais je suis sûre qu'il n'y a pas que ça. Ouvrez votre champ de réflexion : à quoi d'autre aspirez-vous dans votre future vie de reconverti·e ?

Vous pouvez terminer des phrases comme « Demain, le plus important sera de… », « Mon sens, je le trouve en… », « Je serais fier de moi si… », « Je n'aurais aucun regret si… », « Je ne serai heureux que si… ».

#4. Eh bé ça en fait des choses ! Au vu de tout ça, comment résumeriez-vous, en une phrase, votre but professionnel ultime, votre étoile, votre cap, votre boussole, votre *liiife goaaaal* ?

Notez-la sur un Post-it, et collez-le sur votre frigo, sur le miroir de la salle de bains, sur la porte d'entrée, et/ou sur le front (bah... pourquoi pas ?). Pistes de réflexion : Quelles causes vous touchent ? Qui aimeriez-vous le plus aider (enfants, ados, parents, hommes, femmes, personnes fragiles, entrepreneurs, entreprises...) ? Grâce à quels produits et/ou services ? Dans quel(s) secteur(s) ?

#5. Entrons dans le vif du sujet. Vous vous souvenez de Mihaly Csikszentmihalyi ? Comment ça, non ? Et si je vous dis « flow », l'état mental que l'on atteint lorsqu'on est vraiment ultra-concentré[29] ? Ça vous parle peut-être plus. Quelles sont les tâches que vous effectuez facilement ? Et celles que vous prenez réellement plaisir à faire ?

Listez tout ce qui vous passe par la tête (vous êtes un pro d'Excel, mais vous détestez cet outil ? Notez-le quand même), puis apposez un astérisque (ou un cœur, ou une grenouille, peu importe) en face des tâches que vous prenez plaisir à faire.

P-S : Juste au cas où, je parle ici de tâches professionnelles, et non de la préparation de vos gyozas aux légumes sans gluten.

29. Pour plus d'informations, voir page 199.

#6. Dites donc, vous avez bien bossé : sur vos valeurs, votre définition de l'utilité, vos aspirations, votre cap, vos tâches idéales… Il serait dommage de perdre cette mine d'or au fond de votre bibliothèque, non ? Alors… quel(s) métier(s) pourrai(en)t incarner tout ça à la fois ?

Prenez le temps de relire vos réponses, et de les compléter si besoin. Vous pouvez aussi laisser passer la nuit (qui porte souvent conseil)…, mais seulement si vous me promettez de remplir cet espace demain à la première heure.

P-S : Pour avoir des pistes concrètes de métiers, vous pouvez vous inspirer de la catégorisation des métiers par secteurs, proposée sur le site de France Travail.

3 actions à mettre en place dès demain pour poursuivre ma réflexion :

-
-
-

NOTES

FICHE #4.2

Comment chercher ma ou mes voies ?

JE M'AUTORISE À RÊVER

#1. « Ce rêve bleuuuuuuuu… » Alors certes, vous ne serez (peut-être) jamais dans le classement Forbes des personnalités les plus puissantes (quoique, vous n'en savez rien). Mais trop réfléchir, c'est risquer l'immobilisme éternel. Alors… place au rêve. Spontanément, quel est/sont votre/vos métier(s) de rêve ?

Vous pouvez relire votre réponse à la question 4 de la fiche #3, « Dois-je envisager de me reconvertir ? » (quand vous avez décrit votre job de rêve au génie d'Aladdin…).

#2. Aviez-vous décrit votre métier de rêve d'enfant au génie ? Sinon, notez votre « rêve de gosse ».

#3. Imaginez un monde où tous les métiers sont payés à salaire égal (oui, oui, tous). Quel(s) métier(s) voudriez-vous apprendre ?

Encore mieux : vous gagnez au Loto (place au rêve, on a dit !). Y a-t-il un ou des métiers que vous voudriez apprendre malgré tout ?

Si la réponse est : « Non, je bronzerai toute la journée avec une piña colada fraîche à la main », je ne vous jugerai pas !

#4. Revenons dans un monde quasi normal (eh oui, je suis bien obligée de m'adresser aux plus cartésiens d'entre vous…). Une météorite magique frappe notre planète (non, non, je rigole). Imaginez en revanche que vous n'avez plus aucun frein. Quel(s) métier(s) voudriez-vous apprendre ?

....

....

....

....

....

#5. Qu'est-ce que les réponses aux quatre questions précédentes vous ont permis de (re)découvrir sur vous-même ?

....

....

....

....

....

....

....

....

#6. Imaginez-vous arracher de ce livre les deux fiches « vous aidant à chercher votre ou vos voies (#4.1 et #4.2) », les jeter dans un chaudron magique et les laisser mijoter toute la nuit. Demain, vous trouverez à côté du chaudron un beau parchemin décrivant le ou les métiers qui pourraient faire l'objet de votre reconversion. Qu'est-ce qui est écrit ?

L'idée est de saupoudrer un peu de rêve sur votre réponse #6 de la fiche précédente, plus rationnelle. J'insiste sur le « un peu » : les pistes « astronaute », « danseuse étoile », « président » ou « sorcier » devront donc sûrement être écartées… Enfin, pour le moment.

3 actions à mettre en place dès demain pour poursuivre ma réflexion :

-
-
-

HALTE-LÀ ! J'EN SUIS OÙ ?

DOIS-JE ENVISAGER D'ENTREPRENDRE ?

OUI		NON	
Dois-je envisager de me reconvertir ?		Dois-je envisager de me reconvertir ?	
OUI	NON	OUI	NON
J'entreprends et je me reconvertis	J'entreprends et je garde le même métier	Je reste salarié et je me reconvertis	Je reste salarié et je garde le même métier, mais dans une autre boîte
Je remplis les fiches 5 et 6	Je remplis la fiche 5, et je passe à la partie 3	Je remplis la fiche 6, et je passe à la partie 3	Je passe directement à la partie 3

FICHE #5.

À quoi pourrait ressembler mon projet entrepreneurial ?

#1. *First things first*, comme dirait Steve Jobs (enfin, j'imagine). Prenez le temps de relire vos réponses à la fiche #2. « Devrais-je envisager d'entreprendre ? » Notez les points qui vous semblent les plus importants.

#2. Retour vers le futur : et qui dit retour vers le futur dit… DeLorean. Cette fois, elle ne vous emmène pas dans le passé, mais bien dans le futur. Et plus précisément dans dix ans. Quel est le visage de votre projet entrepreneurial idéal ?

À ce stade, notez toutes vos idées en vrac, sans vous limiter, avec pour seul objectif celui de noircir cette page.

Pistes de réflexion : Le type de votre structure, sa taille, les locaux, la culture de votre entreprise, l'ambiance générale, votre secteur d'activité, votre produit et/ou service, vos clients…

#3. Retour dans le présent (eh oui, il faut bien…). Quelle est la mission de votre projet ? Sa vision ? Ses valeurs ?

Mission, vision, valeurs…, késako ? Je vous aide. La mission est la raison d'être (« Pourquoi j'ai créé ce projet ? »). La vision, à l'inverse de la mission, ne porte pas sur le présent, mais est une projection future (« Où est-ce que je veux aller ? »). Les valeurs sont les principes fondamentaux qui forgent l'identité de votre projet (« Qu'est-ce que mon projet doit incarner ? »).

....

....

....

....

....

#4. Qui dit entrepreneuriat dit… risques (mais qui dit risques dit bénéfices, et je ne parle pas seulement d'argent). Quels sont les risques possibles liés à votre projet entrepreneurial ? Placez-les dans une matrice des risques.

Conseil : Notez les risques sur une feuille volante, et gardez cet espace pour votre matrice. Celle-ci a pour axe des ordonnées la probabilité du risque, et pour axe des abscisses, sa gravité. Si ce n'est pas clair, vous avez de nombreux exemples en ligne. Exemples de risques : Financiers, santé physique, santé mentale, organisation, juridiques…

#5. Mais non, je ne vais pas vous abandonner avec votre matrice des risques, vos angoisses et vos larmes. Parmi ces risques, lesquels pouvez-vous éviter, et comment ? Et s'ils survenaient quand même, quelles seraient les meilleures actions à mettre en place pour les gérer ?

Vous pouvez diviser cet espace en trois colonnes. À gauche, notez tous les risques, et entourez ceux qui peuvent être évités. Au milieu, notez ce que vous mettrez en place pour les anticiper. À droite, après avoir enfilé votre cape de super-héros/super-héroïne, notez ce que vous mettrez en place pour les gérer si tous les risques de gauche surviennent malgré tout.

#6. Nous sommes d'accord, entreprendre, ce n'est pas du gâteau… Mais qui ne tente rien n'a rien ! Et justement, en parlant de tenter… Quelles sont les ressources, en vous et autour de vous, sur lesquelles vous pouvez compter pour mener à bien votre projet ?

....

....

....

....

....

....

....

....

....

....

....

....

3 actions à mettre en place dès demain pour poursuivre ma réflexion :

-
-
-

NOTES

FICHE #6.

Quelles compétences dois-je acquérir pour me reconvertir ?

#1. Commençons par le commencement : quels sont vos « *hard skills* » (en français : « compétences techniques ») ?

Vous pouvez diviser cet espace en deux colonnes. À gauche, listez toutes vos *hard skills* en vrac. À droite, classez-les : de celles que vous maîtrisez le plus à celles que vous maîtrisez le moins.

Exemples de *hard skills* : Connaître un outil, maîtriser un produit, créer des visuels, répondre à des problèmes, réparer, surveiller, former, résoudre un conflit, parler une langue...

#2. Et vos « *soft skills* » (en français : « compétences humaines », à ne pas confondre avec vos qualités) ?

Vous pouvez appliquer la même méthode que pour la question précédente.

Exemples de *softs skills* : Leadership, éthique, adaptabilité, esprit critique, écoute, empathie, communication orale ou écrite, transparence...

#3. Imaginez que les trois personnes qui vous connaissent le mieux s'attablent et discutent de vos compétences (*hard skills* et *soft skills*). Elles doivent en choisir trois de chaque. Lesquelles ?

Que pensez-vous de leur choix ?

....

....

....

....

#4. Quel est l'ensemble des *hard* et *soft skills* que vous devrez maîtriser dans votre nouveau métier ?

Pour répondre, renseignez-vous sur Internet, échangez avec des personnes qui exercent ce métier... Et ne vous limitez pas à celles que vous ne possédez pas encore. Notez-les toutes, vraiment toutes. Vous pouvez diviser cet espace en deux colonnes. À gauche : les *hard skills*. À droite : les *soft skills*.

P-S : Vous avez plusieurs métiers en tête ? Déclinez cette fiche autant de fois que nécessaire sur des feuilles volantes que vous plierez et glisserez ici.

....

....

....

....

....

....

....

....

....

#5. Quelles sont les compétences que vous devrez acquérir dans le cadre de votre reconversion ?

Vous pouvez diviser cet espace en quatre parties : les *hard skills* que vous maîtrisez, celles qui vous manquent ; et idem pour les *soft skills*.

#6. À ce stade, qu'en déduisez-vous quant à votre nécessité de vous former ?

Pistes de réflexion : Comment pourriez-vous vous former (formations, lectures, rencontres, immersions, stages...) ? Combien de temps, et comment aménager votre emploi du temps en fonction ? Quel prix, et comment vous préparer à débourser cette somme ? Etc.

3 actions à mettre en place dès demain
pour poursuivre ma réflexion :

-
-
-

3

JE SAIS CE QUE JE VEUX FAIRE. COMMENT PARTIR ?

CHAPITRE 1 • CONTOURNER LE FREIN FINANCIER — 263

CHAPITRE 2 • FAIRE TAIRE LES CROYANCES LIMITANTES — 283

DANS L'IMAGINAIRE COLLECTIF, « CLAQUER SA DÉM' » N'EST QUE STRASS ET PAILLETTES. Vous décidez de démissionner ? Rien de plus simple ! Vous débarquez tout feu tout flamme, tout sourire, dans le bureau de votre boss narcissique. Vous posez votre lettre fraîchement imprimée sur son bureau. Vous traversez votre bureau sous les yeux ébahis de vos collègues toxiques. Vous sautez au volant de votre décapotable et roulez sous un magnifique soleil couchant. Les multiples démissions mises en scène par la pop culture ne sont pas si éloignées de cette description, et laissent entendre que notre envol vers des horizons plus radieux à la première déconvenue ne dépendrait que de notre bon vouloir. « Quand on veut, on peut. » Sauf que...

Dans la vraie vie, le chemin qui mène à une démission est souvent long et sinueux. D'une part, il y a ceux qu'une démission plongerait dans une insécurité financière certaine, et qui ne peuvent donc démissionner quand bon leur semble. D'autre part, il y a ceux qui, bien qu'ils aient la chance de ne pas faire face à un frein financier, font face à une multitude de croyances limitantes et autrement plus coriaces. Trouver le courage de démissionner ne se résume pas à faire une retraite méditative à Bali, à lire un best-seller de développement personnel ou à faire une rencontre « absolument faaaabuleuse ». Ce type de croyances a paralysé de nombreux invités dans leur processus de démission durant des mois, voire des années. Mais rassurez-vous : si vous avez fait le choix de vous procurer cet ouvrage, c'est que vous vous posez déjà de nombreuses questions. Vos chances d'attendre des années avant d'avoir le courage de démissionner en sont donc drastiquement réduites.

Dans cette troisième et dernière partie, vous découvrirez des leviers à activer dès maintenant pour contourner votre frein financier (que vous souhaitiez ou non vous reconvertir ou entreprendre) et/ou pour jeter vos croyances limitantes à la poubelle une bonne fois pour toutes.

OBJECTIFS :

- Poser des mots concrets sur les barrières qui vous empêchent de passer à l'action.
- Lever ces barrières.

« ON N'A PAS BESOIN DE CONNAÎTRE LE DANGER POUR CRAINDRE ; IL Y A MÊME UNE CHOSE À REMARQUER, C'EST QUE CE SONT JUSTEMENT LES DANGERS INCONNUS QUI INSPIRENT LES PLUS GRANDES TERREURS. »

ALEXANDRE DUMAS, *LE COMTE DE MONTE-CRISTO*

— Chapitre 1 —
CONTOURNER LE FREIN FINANCIER

10 septembre 2001. Charles Graham, ancien militaire de l'armée britannique, a remporté la somme d'un million de livres sterling en gagnant au jeu *Who Wants to Be a Millionaire* ? Il a remporté chaque manche en lisant à voix haute les quatre propositions et en écoutant les bruits de toux de deux complices (équipés de téléphones portables) dans le public. La société de production s'en est rendu compte, et Graham n'a jamais reçu un penny. En 2003, lui et ses trois complices ont été traduits en justice pour fraude, et condamnés à 18 mois de prison avec sursis, ainsi qu'à une amende de 30 000 livres.

Pour ceux d'entre nous qui, plus dociles, ont décidé de respecter la loi, il faut travailler pour gagner de l'argent. C'est pourquoi, lorsqu'on souhaite se reconvertir, la crainte de l'insécurité financière est l'Obstacle avec un grand O. Si votre job actuel est votre unique source de revenus, il relève du simple bon sens que de renoncer à tirer une croix dessus sans aucune perspective de ressources financières de substitution. Les pages qui suivent ne recèlent pas le secret pour faire pousser des billets dans votre potager[30], mais vous y trouverez des leviers à activer pour préparer votre démission sereinement – que vous souhaitiez vous reconvertir, entreprendre, les deux, ou aucun des deux.

#1. COMMENT FAIRE, SI JE VEUX ME RECONVERTIR ET/OU ENTREPRENDRE ? — 264

#2. COMMENT FAIRE, SI JE VEUX « SEULEMENT » CHANGER DE BOÎTE ? — 270

30. J'ai moi-même été contrainte d'attendre de longs mois avant de démissionner, parce que, précisément, je ne détiens pas ce précieux moyen de craquer le système.

#1. COMMENT FAIRE, SI JE VEUX ME RECONVERTIR ET/OU ENTREPRENDRE ?

SI JE VEUX ME RECONVERTIR, JE ME FORME SUR MON TEMPS LIBRE

Lorsqu'on se lance dans une reconversion, la chronologie rêvée est la suivante : démissionner, se former, puis se lancer (et si chacune de ces phases est entrecoupée de surf trips dans des destinations paradisiaques, c'est encore mieux). Hélas, il n'est pas toujours possible d'opter pour ce scénario de luxe. Si vous ne pouvez démissionner sans vous mettre en insécurité financière, vous n'avez d'autre choix que de vous former sur votre temps libre. Ainsi, une fois votre diplôme en poche, vous pourrez postuler en entreprise et/ou vous lancer à votre compte sans être jamais privé de revenu. Jongler entre un job à temps plein et une formation n'est pas de tout repos. Vous allez sacrifier sommeil, loisirs, moments entre amis ou en famille, vacances... Mais, d'une part, si vous sortez de cette période en un morceau, vous serez immensément fier, et vous aurez tous les droits de l'être. Et, d'autre part, jusqu'à preuve du contraire, vos seules alternatives consistent à postuler ailleurs, mais pour continuer à exercer le même job (qui ne vous rend pas plus heureux, rappelons-le), ou pire... ne rien faire du tout.

P-S : De ses 40 à ses 45 ans, mon grand-père, employé à temps plein à La Poste, s'est formé le soir et les week-ends pour devenir... avocat. Tout en s'occupant (avec l'aide précieuse de ma grand-mère, bien sûr) de huit enfants plus ou moins en bas âge. Et les histoires comme ça, il y en a des millions (milliards ?). S'ils ont réussi, pourquoi pas vous ?

SIBYL : de commerciale à photographe

« La photographe relance sa formation… le jour de mon anniversaire ! J'ai le déclic, et je me mets à fond dans la photo. Je passe les mois de chômage partiel restants à bosser sur ce projet. J'ai démissionné à l'été 2021. »

ROMY : de directrice dans le secteur de la *food* à viticultrice

« J'étais calée en *food*, mais moins dans le vin. Je me suis donc formée. Quand j'ai senti que j'avais acquis assez de savoir, je me suis dit : "C'est le moment." »

JUAN : d'ingénieur à cuisinier

« J'ai eu mon CAP en candidat libre. Ma boîte m'a proposé, une troisième fois, de prolonger mon CDD, mais cette fois j'ai dit non. »

CÔME : de banquier à boucher

« J'ai fait quatre stages en abattoir, puis j'ai démissionné de l'agence et commencé mon CAP boucherie. »

GREG : d'animateur radio à slasheur fondateur d'un podcast/ coach

« Je fais un bilan de compétences et décide de passer une formation pour devenir formateur en entreprise. Je commence des missions freelance en parallèle de mon job. Je sentais que j'avais envie d'accompagner les gens dans leurs rapports humains. J'étais entouré de proches à bout, et je les écoutais, les aidais, et prenais plaisir à le faire. J'ai démissionné. »

EMMA : de consultante à fondatrice d'une marque de patrons de couture

« J'ai découvert la couture. Faire de mes mains me plaisait. J'ai commencé à apprendre dans mon coin, avant de suivre des cours du soir. L'idée de créer mes propres patrons est venue naturellement. Un déclic s'est opéré : j'ai décidé d'essayer de réaliser ce rêve et de tenter la reconversion pour n'avoir aucun regret, et j'ai démissionné. »

SI JE VEUX ENTREPRENDRE, JE LANCE MON *SIDE PROJECT*

Un *side project* est un projet que l'on mène à côté de son activité principale. Vous rêvez de monter une boîte ? Faites-le en parallèle de votre travail. Au même titre qu'une formation, ce ne sera pas de tout repos, mais procéder de la sorte vous permet de tester la viabilité de votre business et de démissionner sereinement une fois votre premier salaire dégagé. En outre, nous sommes aisément tentés de fantasmer et d'idéaliser un métier ou un secteur sans en connaître la réalité. Or, de la même manière qu'il ne suffit pas d'imaginer une offre géniale pour que celle-ci rencontre son public, il ne suffit pas d'être passionné pour être compétent... Lancer votre *side project* vous permettra de tester l'adéquation de vos compétences avec ce que vous pensez être votre vocation. Enfin, si vous mettez du temps à monétiser votre projet, vous n'êtes pas contraint de mettre les clés sous la porte. Votre salaire continue à tomber tous les mois : vous avez donc tout le temps de tester, supprimer, améliorer, remplacer... Et si ça ne fonctionne vraiment pas, remplacez votre *side project* par un autre, puis par un autre... jusqu'à trouver le bon.

— ALEXIS BOTAYA ET CORENTIN ORSINI,
Créez le job de vos rêves et la vie qui va avec[31]

De très belles réussites d'entreprise ont commencé par le format side project. *C'est le cas de la société française alittleMarket, société rachetée par le géant Etsy en 2014. Ses fondateurs ont conservé, pendant plus d'un an, leur job bien payé dans un grand groupe et pu ainsi tenir le cap pendant cette période si difficile des débuts d'une start-up. C'est aussi le cas du couple californien à l'origine de la société Houzz, qui aide des particuliers à redécorer leur maison en faisant appel aux meilleurs architectes d'intérieur. De même, quantité de sites média ont démarré à partir d'un simple blog avant de gagner de l'argent.*

31. Alexis Botaya, Corentin Orsini, *Créez le job de vos rêves et la vie qui va avec*, La Martinière, Paris, 2016.

TIM : de trader de matières premières à fondateur d'une marque de gin bio

« J'écrivais le concept sur mon téléphone. C'était aussi une échappatoire, pendant mes trajets en métro par exemple. Mais je n'étais pas encore prêt à quitter ma zone de confort pour une lubie. Mais, finalement, je passe sur Excel et PowerPoint, et je fais toute mon étude d'opportunité. Je démissionne. »

GWEN : de directrice de la communication à coach sportive

« J'ai profité du confinement pour lancer un e-book PDF pour dessiner les fessiers. J'ai créé mon site, mes vidéos, et j'ai commencé à vendre mon e-book. À l'été 2020, j'ai obtenu mon certificat dans les massages minceur, et un certificat de préparation mentale pour les sportifs. Et à l'automne, j'ai enfin quitté mon employeur. »

SAMI : d'étudiant en commerce à cofondateur d'une marque de boissons bio

« On a développé notre projet pendant un an, puis on l'a présenté à un jury composé de chefs d'entreprises et de banquiers… Et on a remporté le concours ! Et on a démissionné. »

LILY : de journaliste à illustratrice

« J'ai décidé de m'orienter dans la photo et dans le *graphic design* en parallèle de mon job. J'ai créé mes propres produits : pochettes, coussins, cartes… Puis j'ai créé ma propre société, et j'ai démissionné. »

NINA : de responsable recrutement à coach

« Je devais vérifier que je pouvais vraiment aider les gens avant de lancer mon activité de coach. J'ai donc d'abord lancé mon *side project*. J'y dédiais mes soirées et week-ends. C'était dingue comme période, mais ça m'a permis d'affiner mon style, de choisir les sujets sur lesquels je voulais me concentrer... Après quelques mois, j'ai démissionné et je me suis lancée. »

THÉO : de commercial au sein d'un cabinet de conseil à fondateur d'un podcast sur l'écologie

« J'ai décidé de lancer mon podcast pour aider à mieux comprendre les enjeux écologiques, se lancer à son tour et donner les clés pour agir à son échelle ! En parallèle, avec ma copine, on voulait faire un tour du monde depuis quelque temps. Du coup, en septembre 2020, j'ai démissionné. »

SVEN : d'étudiant en école d'ingénieur à documentariste engagé pour l'écologie

« En 2019, il y a eu un gros mouvement dans les grandes écoles et chez les jeunes diplômés. Un mouvement de questionnements, de quête de sens, de quête d'impact... de "rupture". On était beaucoup à se sentir concernés par les enjeux économiques et sociaux, mais on ne nous parlait pas assez des conséquences que ça pouvait entraîner. Du coup, j'ai décidé de tourner un film documentaire, et de me concentrer sur des amis très proches, de différents parcours... »

#2. COMMENT FAIRE, SI JE VEUX « SEULEMENT » CHANGER DE BOÎTE ?

JE LA CHERCHE, CETTE NOUVELLE BOÎTE, TOUT SIMPLEMENT

Vous souhaitez démissionner, mais vous ne pouvez pas vous le permettre tant que vous n'avez pas signé votre nouveau contrat ? Il est temps de provoquer votre destin. D'accord, ça sonne un peu mystique. Devez-vous danser autour d'un feu en incantant tous les dieux de ce monde d'envoyer l'offre parfaite sur votre boîte mail ? Faire une grève de la faim devant votre entreprise en espérant qu'ils vous laisseront partir tout en continuant à vous payer ? Ou jouer au Loto tous les jours en attendant patiemment votre heure ? Bien qu'il ne vous coûte rien de tenter, provoquer votre destin ne signifie ni plus ni moins que d'arrêter de ruminer que vous êtes maudit, et de passer à l'action. Mettez vos connaissances à jour, préparez votre dossier de candidature le plus complet, enregistrez des alertes sur tous les sites de recherches d'emploi de cette planète, ainsi que de Mars et de Vénus (on ne sait jamais), rendez-vous à des événements, sollicitez votre réseau, le réseau de votre réseau, et le réseau du réseau de votre réseau, contactez spontanément des personnes pour les questionner et/ou pour leur parler de vous... Il ne suffit pas de « traverser la rue pour trouver du travail », mais ce n'est pas en continuant à souffler des ronds de fumée vers le plafond que vous y parviendrez mieux..., si ? Et pas de « oui, mais là au moins j'ai validé ma période d'essai gna-gna-gna » qui tienne !

— TARA SWART, *La Source*

Nous ne sommes pas des figurants dans le grand théâtre qu'est la vie. Nous en sommes les créateurs et les artisans dans chacune de nos actions.

LUCIE : de photographe de mode salariée à photographe en freelance

« Je donne mon contact à un photographe. Quelque temps après, à la Fashion week de New York, il me propose d'aller à la Fashion week de Milan dans de bien meilleures conditions que celles de mon agence ! Je démissionne. »

AÏDA : de consultante à chargée de développement dans une start-up de l'ESS

« Je regarde un peu le marché, je passe quelques entretiens, mais je ne suis pas convaincue. Et là, je tombe sur une offre dans laquelle je me reconnais à 100 %. Je me dis : "Cette personne, c'est moi !" Le process a duré trois mois…, et j'ai été prise. »

FLORE : de commerciale dans l'informatique à hypnothérapeute

« J'ai croisé la route d'une formation d'hypnose par les histoires. J'ai eu un déclic, je me suis inscrite à la formation sans même me renseigner plus, et j'ai démissionné. »

ELVIE : d'assistante de direction artistique dans le luxe à fondatrice d'une marque de mode éthique

« J'ai découvert une association qui cherchait des bénévoles pour aller au Népal aider une petite entreprise de laine. J'ai démissionné, et je suis partie à Katmandou. »

JE ME FORME SUR MON TEMPS LIBRE ET/OU JE LANCE MON *SIDE PROJECT* (OUI, OUI, MÊME ALORS QUE JE NE VEUX NI ME RECONVERTIR NI ENTREPRENDRE)

Non, vous n'avez pas loupé une page. Et oui, vous lisez toujours le chapitre destiné aux lecteurs intéressés ni par la reconversion ni par l'entrepreneuriat. Mais, avec tout le respect que je vous dois, là n'est pas la question. Vous ne voulez pas vous reconvertir ? Inscrivez-vous quand même à une formation ! Courte ou longue, payante ou gratuite, en physique ou en visio, en neurosciences ou en sculpture, peu importe, tant que le sujet vous passionne. Vous pouvez vous rendre compte que ce domaine représente plus pour vous qu'un simple hobby, et en faire votre domaine de reconversion. Et même si cette formation ne débouche pas sur votre démission, il est toujours agréable d'apprendre, d'autant qu'il serait dommage de ne pas profiter du fait que notre cerveau peut le faire tout au long de sa vie (respect éternel à Giuseppe). Et vous ne souhaitez pas entreprendre ? Lancez quand même votre *side project* ! Peut-être cela vous fera-t-il changer d'avis sur l'entrepreneuriat. Et, même si ce n'est pas le cas, un tel projet rime avec échanges, rencontres, et donc... opportunités. Enfin, même s'il ne déclenche pas votre démission, vous serez heureux, car vous ferez quelque chose qui vous anime. Pourquoi s'en priver ?

— ALEXIS BOTAYA ET CORENTIN ORSINI,
Créez le job de vos rêves et la vie qui va avec

Développer des side projects, c'est avant tout une façon de mener une expérimentation grandeur nature. Une façon « d'éprouver les différents aspects de notre personnalité », comme l'affirme Roman Krznaric dans son livre. [...] En procédant de la sorte, à toute petite échelle, vous testez réellement votre passion, plutôt que de rester chez vous dans votre canapé à soupirer en vous disant que vous adoreriez avoir une pépinière entière de bonzaïs, devenir restaurateur de fresques, ou espérer un jour lancer un centre de formation à la méditation...

ILS SE SONT FORMÉS PAR PLAISIR… ET ONT FINI PAR SE RECONVERTIR

MATTIS : de directeur juridique à fondateur d'une solution pour simplifier la réponse aux appels d'offres

« J'ai fait un Executive MBA de l'ESCP. J'ai rejoint une promo d'une centaine de cadres et dirigeants du monde entier, faisant tous preuve d'un réel recul sur la raison d'être de leur métier. Ces échanges sur les difficultés rencontrées, sur ce que l'on fait, sur l'avenir… m'ont convaincu qu'il était temps pour moi de démissionner. »

JULIA : de cheffe de projet dans l'informatique à hypnothérapeute

« Pendant un an et demi, je me suis formée à la numérologie, au tarot et à l'hypnose en parallèle de mon job. Ça a été la révélation. Ça me plaisait et m'animait énormément. Mais toute mon énergie était prise par mon travail… C'était dur de faire les deux. J'ai commencé à envisager que je puisse en faire mon métier. Je me suis dit : "OK, résoudre des bugs, j'adore ça. Mais je veux résoudre des bugs sur l'humain." Et j'ai démissionné. »

ELLES ONT LANCÉ UN *SIDE PROJECT* PAR PLAISIR… ET ONT FINI PAR ENTREPRENDRE

MIA : de community manager dans une PME à fondatrice d'un média sur l'écologie

« À l'origine, j'ai lancé mon média et ma newsletter autour de moi, je ne pensais intéresser que mes proches. Mais, pendant le confinement, j'ai eu de plus en plus d'inscriptions, et des marques m'ont contactée. Je savais que le jour où je monterais ma boîte, je voudrais faire un lien avec l'écologie. Du coup, je me suis dit que c'était sûrement le moment ! En plus, j'ai vite été reconnue en tant que média, alors que je n'avais pas du tout vu ça comme ça. J'ai fini par me dire : "On m'identifie comme ça, j'aime bien ce que je fais, pourquoi pas me lancer ?" Et, en septembre 2020, j'ai démissionné pour en faire mon métier. »

ZOÉ : de fiscaliste à attachée de presse dans la musique

« Un jour, j'ai vu une annonce d'un webzine qui recherchait quelqu'un pour faire des photos de concerts et écrire des articles. […] J'ai rencontré des artistes, des managers, des programmateurs de salles, d'autres photographes, des labels… Les gens du milieu commençaient à me faire confiance. Je commençais à avoir de la légitimité. En janvier 2020, la dernière collègue de mon équipe a démissionné. Ça a été un choc… et un déclic ! Mon réseau commençant à se développer, je me suis dit que je pouvais commencer à me professionnaliser, et j'ai démissionné. M'occuper des relations presse est le fruit d'opportunités et de propositions. Je ne me suis pas levée un matin en me disant que j'allais devenir attachée de presse. J'ai commencé sans structurer cette activité. C'est après que j'ai vu que ça marchait bien. »

ROSIE : de cheffe de projet dans le *retail* à prof de sport

« Ma boîte a organisé une semaine "bien-être au travail". Ils ont demandé aux collaborateurs leur contribution. J'ai proposé de donner des cours de sport. J'en ai toujours fait, des trainings le week-end, seule ou avec des amis… Grâce au bouche-à-oreille, mes cours se sont remplis. Pendant un an et demi, j'ai donné des cours, une heure par semaine ! J'adorais ça. Animer un groupe et fédérer était naturel pour moi. J'avais un besoin de transmettre. L'activité physique permettait de me sentir mieux physiquement (surtout quand tu es assise toute la journée !) et mentalement ; et elle permettait de recréer un lien authentique entre les personnes, et de fluidifier les échanges. En entreprise, tu peux rarement être 100 % toi-même. Les gens venaient, en fait, pour profiter d'un espace d'échanges authentiques… Grâce à mon bilan de compétences, j'ai compris que ce qui m'animait, c'était fédérer le collectif. Je ne pensais plus "métier", mais "Qu'est-ce que je fais naturellement qui peut se transformer en compétence ?" Surtout, j'ai compris que j'avais envie d'apporter une transformation profonde dans le monde du travail, et que le sport n'est qu'un outil. Fin janvier 2020, j'ai démissionné pour passer ma formation d'éducatrice sportive. »

MON EXPÉRIENCE

À l'origine, tout ce que je souhaitais tirer de mon *side project I quit, thanks*, c'était le courage de démissionner (et d'aider d'autres personnes à le faire). Hors de question de me reconvertir, et encore moins d'entreprendre. J'étais à mille lieues d'anticiper les nombreuses répercussions qu'il aurait sur ma vie. Non seulement il m'a permis de trouver le courage de démissionner, mais aussi de rencontrer cent invités aux parcours extraordinaires, d'aider de nombreux abonnés, d'écrire le livre que vous tenez entre vos mains, de garder le cap dans les moments difficiles..., et d'en apprendre suffisamment sur moi pour me lancer, tout compte fait, dans une double(-ment folle) aventure de reconversion et d'entrepreneuriat.

Si vous adorez votre métier et le salariat, mais que vous détestez votre entreprise, loin de moi l'envie de vous exhorter à vous reconvertir ou à entreprendre. A priori, démissionner et aller tester une autre boîte est amplement suffisant : et justement, par l'introspection, la créativité, le challenge, les rencontres, l'ouverture, l'aventure (la liste est infinie) qu'il induit, le *side project* est une formidable manière de vous permettre de le faire.

P-S : Non, il n'a pas besoin de consister en un projet autour de la démission : la permaculture, le hula-hoop, la couture, le chant, la peinture, l'ukulele, la danse, la cuisine, bref, à peu près n'importe quoi qui vous fasse vibrer, et ce sera parfait.

Qu'est-ce que vous faites encore là ? Lancez votre *side project* !

POUR CONCLURE...

Même si vous faites face à des contraintes financières, vous pouvez avancer vers votre reconversion ou votre projet entrepreneurial sur votre temps libre. Il s'agit d'un chemin qui exige persévérance et courage, mais qui est nécessaire lorsque d'autres options ne se présentent pas. Car la réalité, c'est que transformer son avenir demande plus qu'une envie : vous aurez besoin d'un engagement quotidien, même quand le temps manque et que les défis semblent insurmontables. C'est dans ces moments-là que votre volonté est mise à l'épreuve. Mais souvenez-vous que chaque pas, aussi petit soit-il, vous rapproche de votre but. En vous formant, en lançant un projet secondaire, en cherchant activement un poste plus aligné avec vos aspirations, vous bâtissez les fondations de votre avenir, brique par brique. Chaque effort, chaque minute investie sur votre temps libre, devient un investissement dans votre futur. N'attendez pas le moment parfait, il n'arrive jamais. Comme dit ce proverbe chinois : « Le meilleur moment pour planter un arbre était il y a 20 ans. Le deuxième meilleur moment est maintenant. »

FICHE #7.

Pourrais-je vivre avec moins d'argent ?

#1. *« Money, money, money… must be funny… in a rich man's world ! »* Sur une échelle de 1 à 10, 1 étant « je n'en ai besoin que pour mettre un toit sur ma tête et des aliments dans mon assiette » et 10 « j'en ai au moins autant besoin que de l'oxygène que je respire », à combien estimez-vous l'importance que vous accordez à l'argent ?

1 2 3 4 5 6 7 8 9 10

Décrivez l'état associé à ce chiffre :

....

....

....

#2. Comment expliquez-vous votre rapport à l'argent ?

Pistes de réflexion : Votre milieu socioculturel, votre entourage, vos rencontres, vos expériences (pros ou persos, bonnes ou mauvaises…), votre personnalité, le contexte économique…

....

....

#3. Sur une échelle de 1 à 10, 1 étant « j'habite dehors et je ne mange qu'une fois par jour » et 10 « je m'achète tout ce que je veux sans regarder les prix, et en plus j'économise ! », à combien estimez-vous être bien payé·e ?

1 2 3 4 5 6 7 8 9 10

Décrivez l'état associé à ce chiffre :

#4. À votre Excel (une feuille et un stylo, ça marche aussi) : à combien estimez-vous vos dépenses mensuelles ?

Exemples de dépenses : Logement, alimentation, transports, plaisirs (cadeaux, loisirs, vacances, culture, etc.), projets futurs nécessitant d'économiser (investissement, naissance, mariage, soins de santé, etc.).

....

....

....

....

....

#5. Vous la redoutiez, elle est arrivée : la question qui fâche ! Quelles typologies de dépenses pensez-vous pouvoir diminuer ? De quel(s) montant(s) ?

Spoiler : Si vous pensez ne pas pouvoir vivre sans shopping, Deliveroo matin, midi et soir, SPA et vacances en ressort à l'autre bout du monde, vous risquez de devoir supporter votre job encore un petit moment...

....

....

....

....

....

....

....

#6. C'est l'heure du bilan : pourriez-vous envisager de sacrifier tout ou partie de votre salaire en échange de temps (et d'énergie) dédiés à l'écriture du nouveau chapitre de votre vie professionnelle ?

Conseil : Imaginez plusieurs scénarios (démissionner, négocier une rupture conventionnelle, basculer sur un contrat à temps partiel…), puis confrontez-les. Quand c'est possible, n'oubliez pas de prendre en compte d'éventuelles économies et/ou le soutien de vos proches.

3 actions à mettre en place dès demain pour poursuivre ma réflexion :

— Chapitre 2 —

FAIRE TAIRE LES CROYANCES LIMITANTES

« Je n'en suis pas capable », « Je suis trop vieux », « Je suis trop jeune », « Je n'ai pas le temps », « Je ne suis pas assez intelligent », « Je n'ai pas assez d'expérience », « Je n'y arriverai pas », « Je n'ai pas les fonds », « Je vais devenir pauvre », « Je ne serai jamais le meilleur », « Je vais regretter. » « Je vais culpabiliser. » « Je vais être jugé. » « Je vais me gâcher. » « Je vais mourir. »

« AAAAAAHHHH ! »

Vous avez contourné le frein financier (ou mieux encore, vous avez la chance de ne pas en avoir, grâce à des économies personnelles et/ou à la perspective d'un soutien financier), et vous êtes, malgré tout, terrifié à l'idée de démissionner ? Il n'y a rien de surprenant à cela. Le frein financier est rarement l'unique obstacle à une démission... – ce serait trop facile. Notre imaginaire sournois a la fâcheuse manie de mettre une multitude de croyances limitantes en travers de notre chemin, c'est-à-dire de fausses idées à notre sujet, qui nous freinent. Lorsqu'on veut démissionner, elles sont particulièrement nombreuses et coriaces, et ont plusieurs conséquences néfastes..., notamment le fait d'entraîner votre lente fusion avec les murs de ce bureau que vous rêvez pourtant de fuir.

#1. PAR OÙ COMMENCER ? — 284

#2. QUELLES CROYANCES DOIS-JE BANNIR À TOUT PRIX ? — 291

#3. QUE PUIS-JE ÉCOUTER À LA PLACE ? — 313

#1. PAR OÙ COMMENCER ?

JE FAIS MON INTROSPECTION EN AUTONOMIE

Vous n'avez aucune idée de la manière dont vous pourriez combattre vos croyances limitantes pour enfin prendre votre envol ; ou, pire, vous n'avez pas la moindre idée de quelles croyances il s'agit ? Si cet ouvrage n'a pas la prétention de recéler la solution miracle pour lever des barrières profondément ancrées en vous, l'introspection a le mérite de beaucoup s'en rapprocher. Du latin *introspectus*, qui signifie « regarder à l'intérieur de soi », l'introspection désigne l'état dans lequel on est attentif à ce qu'il se passe en nous. C'est un excellent levier à activer pour vous aider à mettre des mots sur votre ou vos peurs, et à comprendre comment les dépasser. Une introspection efficace permet, par exemple, de reconnaître ses points forts et ses points faibles, de se détacher des préjugés et des certitudes, d'augmenter sa confiance en soi, de se recentrer sur ses priorités et ses valeurs, etc. Vous pouvez vous plonger dans des ressources de développement personnel (livres, articles, vidéos...), faire un voyage introspectif (nul besoin d'aller jusqu'à Goa ou Bali, un simple week-end au vert peut suffire), méditer, etc. C'est un processus pouvant être long et laborieux, mais le jeu en vaut la chandelle.

— SOCRATE

« Connais-toi toi-même, et tu connaîtras l'univers et les dieux. »

TIANA : de cheffe de projet dans l'événementiel à fondatrice d'une épicerie fine responsable

« Après trois mois d'introspection, j'ai fini par me dire : "Je préfère être heureuse à Paris plutôt que malheureuse à New York." Avoir le courage de démissionner, ça a été hyper dur. Mais j'ai fini par le faire avant même d'avoir de solution, car je savais que c'était mieux ainsi. »

PRUNE : de journaliste à actrice

« Tout le monde me disait : "Tu as un boulot de rêve !" Malgré tout, au fond de moi, je savais que ce n'était pas cela, mon métier de rêve à moi... J'ai passé six mois à y réfléchir tous les jours, obsédée par cette idée..., puis j'ai démissionné. »

LAURIE : d'analyste en M&A à actrice

« Le confinement a été un tournant. J'ai pu réfléchir, me remettre en question, faire mon introspection. Avant lui, lorsque je n'étais pas au bureau les week-ends je pouvais faire la fête et dépenser dans des trucs dont je n'avais pas besoin, afin de compenser mon anxiété. Mais là, j'ai compris que je ne pourrais pas faire machine arrière, et j'ai démissionné. »

LOÏC : de directeur dans le conseil sportif à coach en orientation pour adolescents

« Grâce à une longue introspection, j'ai arrêté de mettre mes états d'âme de côté, et de me dire : "Je suis bien, je n'ai pas de pression, pourquoi changer ? Je n'aurai plus tel et tel avantage..." J'ai cessé d'être retenu par mon ego ou par des détails qui me faisaient oublier mon quotidien monotone, et j'ai démissionné. »

MON EXPÉRIENCE

Je suis loin d'être une personne pour qui l'introspection en solo est naturelle, innée et simple. À vrai dire, elle est même tout l'inverse. « Et elle écrit des livres en développement de soi... » vous dites-vous alors. Me voilà démasquée : je n'aime ni les bains relaxants, ni la musique de méditation, ni les plantes, ni les bougies parfumées. Je n'ai jamais médité, ni fait d'exercice de sophrologie, ni de yoga (en dehors du premier confinement... Oui, c'est cliché, mais, à ma décharge, je n'ai pas fabriqué mon propre pain... Quoique..., les naans, ça compte ?). Plus sérieusement, si faire mon introspection, seule, est difficile, voire impossible, c'est pour la simple et bonne raison que... je ne suis jamais seule. J'ai horreur de ça. Or c'est bien la seule condition nécessaire pour une introspection efficace (et le fait d'être réveillé, et sobre, si possible).

Je suis si souvent seule que j'ai vécu six mois dans mon dernier appartement sans frigo, n'y passant une soirée seule que toutes les quatre à six semaines (ironiquement, le hasard a voulu que j'écrive ces lignes dans l'avion qui m'emmène à New York pour mon premier voyage toute seule, justement pour m'aider à combattre l'angoisse de la solitude.). La bonne nouvelle, c'est que j'ai quand même réussi à démissionner deux fois. Si vous avez peur de ne jamais parvenir à combattre vos croyances limitantes et à démissionner de ce job que vous haïssez, vous pouvez donc chasser tout de suite cette idée de votre tête. L'introspection autonome est un moyen parmi d'autres, il en existe d'autres (l'introspection avec l'aide d'un pro, par exemple. Tournez la page !).

JE FAIS MON INTROSPECTION AVEC L'AIDE D'UN PRO

Pour vous, « introspection » rime avec « bougies », « encens », « sorcellerie » et autres « rites chamaniques » ? Vous n'êtes pas contre l'idée, mais votre *fast life* citadine ne vous laisse déjà pas le temps de dormir, et encore moins de lire des ouvrages de développement personnel entre deux séances de méditation ? Vous avez tenté l'introspection en toute autonomie, mais rien n'y fait ? La bonne nouvelle, c'est que vous pouvez vous faire aider. Psychologues, thérapeutes, coachs..., ils sont nombreux à s'être spécialisés dans l'identification de nos blocages et à nous aider à les dépasser. Et, pour trouver le courage de démissionner, l'aide d'un coach est sûrement la plus efficace. Grâce à un ensemble d'outils et de méthodes, il vous aidera à cadrer votre réflexion, à renforcer votre confiance en vous, à comprendre vos limites, à vous fixer des objectifs clairs et réalistes, à définir un plan d'action, etc. Attention toutefois : face à l'engouement grandissant autour des sujets d'épanouissement au travail et de quête de sens, le nombre de coachs ne cesse de croître. C'est une bonne nouvelle, mais méfiez-vous des charlatans. Vous trouverez une multitude de gourous autoproclamés coachs qui vous promettront, tout sourire et *fresh coconut* à la main, que vous trouverez la « lumière » à leurs côtés. Un bon coaching, ce n'est pas donné : mieux vaut donc vous assurer que vous en tirerez des bénéfices réels et tangibles. Récoltez des retours d'expériences, sollicitez votre réseau pour obtenir un ou plusieurs contacts... Cette démarche a un coût, mais, si elle vous permet de *démissionner*, ça vaut le... « coût ».

AMIR : de manager au sein d'un Big Four à slasheur guide touristique/coach

« J'ai été aidé par un psy, puis par un coach. Et grâce à eux, j'ai fini par démissionner. »

LOLA : d'agente immobilière à illustratrice

« J'ai vu une psychologue du travail qui m'a aiguillée vers un bilan de compétences sous la forme d'un questionnaire. L'avantage de faire cela avec une psychologue, c'est qu'elle me connaissait aussi dans ma vie personnelle. Suite à ce bilan, j'ai démissionné. »

ADÈLE : de manager dans l'informatique à pâtissière

« Avec une coach, j'ai fait plusieurs exercices. Par exemple, écrire ma vie idéale, vingt fois de suite. À côté, je devais écrire toutes mes pensées. Au fur et à mesure, je remettais de plus en plus en question mes croyances. Tout ton subconscient ressort. Et à la fin, toutes les parties négatives, tu les passes en positif... et tu te les répètes. Lors d'un autre, j'ai visualisé ma journée idéale dans les moindres détails. Tu ressens tes émotions, et ça te fait un bien fou. Et moi, je me voyais faire de la pâtisserie. Un jour, j'ai refusé d'ouvrir mon *laptop*. Ça bouillonnait en moi. En allant me coucher, j'ai vu une image de madeleine sur fond noir, c'était très bizarre. J'ai alors imaginé la décorer comme un macaron. Le jour où j'ai démissionné, j'ai eu un haut-le-cœur. J'ai eu l'impression d'être en haut d'une falaise. J'ai failli vomir. Mais je l'ai fait ! »

MON EXPÉRIENCE

Sans l'aide d'une coach, je serais peut-être encore engluée dans mon dernier *bullshit job*. Pourtant, je m'étais fait la promesse de ne pas faire long feu dans ce cabinet. Je m'étais même fixé une limite d'un an, pour faire « sérieux » sur le CV (j'ai, depuis, cessé de raisonner ainsi, et je vous incite à en faire de même). Mais ma motivation à quitter à nouveau un job sans plan B diminuait à mesure que la date butoir arrivait. Engluée dans un mode de vie à mille à l'heure, je n'étais pas beaucoup plus avancée qu'après ma dernière démission quant à ce que je voulais faire de ma vie. J'avais simplement une connaissance un peu plus fine de ce que « je ne voulais pas, ou plus » ; mais, comme vous n'êtes sûrement pas sans le savoir, cela ne suffit pas.

Au printemps 2022, j'ai alors décidé de faire appel à une coach, pour la première fois. Son accompagnement m'a fait le plus grand bien. De séance en séance, elle a guidé mon introspection et m'a permis de ressortir de cet accompagnement avec deux réalisations cruciales. La première : je devais non seulement démissionner de ce job, mais aussi démissionner du Conseil avec un grand C. La deuxième : il était, je cite, « urgent que je prenne le temps » de chercher ma voie ; et je ne devais pas ressentir la moindre once de culpabilité à le faire.

#2. QUELLES CROYANCES DOIS-JE BANNIR À TOUT PRIX ?

JE NE PEUX PAS GAGNER MOINS D'ARGENT

La difficulté avec laquelle nous appliquons l'adage « l'argent ne fait pas le bonheur » est fascinante. Il ne s'agit pas, ici, de déplorer l'existence de l'argent ou d'imaginer un monde alternatif utopique, mais simplement de vous poser la question suivante : combien votre dernière prime ou augmentation vous a-t-elle coûté en temps, en énergie, en efforts ? Matthieu Dardaillon et Joséphine Bouchez, auteurs de *Tu fais quoi dans la vie ?*[32], nous rappellent qu'il existe d'autres rémunérations : « La fierté de contribuer à faire avancer la société, une autonomie et une flexibilité dans vos missions, une équipe qui partage et incarne les mêmes valeurs... » Autrement dit, il y a mille et une autres façons d'être heureux qu'en gagnant un salaire mirobolant. Vous le savez, je le sais, je sais que vous le savez..., et vous continuez pourtant à noyer votre mal-être au travail dans des dépenses inutiles. Mais pourquoi, cher lecteur, chère lectrice, continuez-vous à vous infliger cela, nom d'une pipe ?

32. Matthieu Dardaillon, Joséphine Bouchez, *Tu fais quoi dans la vie ?*, Alisio, Paris, 2021.

AXEL : de chargé de com dans un musée à fondateur d'une agence de com

« On va peut-être générer moins de cash, mais on espère vivre mieux. Et surtout, on s'éclate dans le boulot et on adore accompagner nos clients. »

MATTEO : de consultant à humoriste

« Je galère, mais, quand je repense à un open space et à un fichier Excel, je me dis que ça vaut largement ma liberté. »

ALI : de vice-président d'une banque à fondateur de start-up écoresponsables

« On m'a souvent dit : "T'es malade, tu gagnais vingt mille dollars par mois !" Mais je n'ai jamais été aussi heureux de ma vie. Ce que je fais a un sens profond. Il faut arrêter de penser "société de consommation". D'autres façons de faire sont satisfaisantes, et viables. »

ANNA : de webmaster à DJ

« Je ne suis pas ambitieuse pour devenir PDG d'une grande boîte. Je ne suis pas à la recherche d'argent. Je veux juste être épanouie dans ma vie pro et dans ma vie perso, comme tout le monde. Et pourtant, peu y arrivent. »

↘ LEURS CONSEILS

NINA : de responsable recrutement à coach

« Quand on croit en ce qu'on fait, et que ça nous anime, c'est complètement OK de trouver des solutions pour se dégager des revenus complémentaires, même si elles ne sont pas ce qu'on aurait voulu. »

BILLIE : de directrice de création à cofondatrice d'une marque de parfums responsables

« Plus tu gagnes, moins tu peux baisser ton niveau de vie. Tu as peur de quitter le salariat, de chuter dans le vide. Mais, quand tu pars, tu te rends compte qu'il y a du boulot ailleurs, tu rencontres des gens, tu n'as plus de raisons d'avoir peur. »

ROSE : de responsable développement et logistique à fondatrice d'un cabinet de conseil en expérience collaborateur

« Est-ce qu'évoluer, progresser, c'est forcément gagner plus ? Le chemin professionnel, ce n'est pas forcément "tout droit, et ça monte". Il existe plus de choix et de parcours. Le frein de l'argent revient souvent ; mais l'argent, ça va, ça vient. »

MON EXPÉRIENCE

Je n'ai ni enfants, ni quiconque à charge, ni crédit, ni traitement médical onéreux, ni de crainte pour mes vieux jours encore lointains, ni de besoin légitime de faire des économies (notez que « l'achat de la voiture ou du sac à main de mes rêves » ne figure, normalement, dans aucune liste de besoins légitimes). Il va de soi que nous ne pouvons pas tous en dire autant. Et si vous ne pouvez (objectivement !) pas diminuer votre salaire d'un centime, vous devrez contourner votre frein financier avec une bonne dose de patience, d'ingéniosité et de persévérance. Mais, si vous pouvez vous permettre de vivre avec moins, au moins un temps, il serait terriblement dommage de vous en priver, d'autant plus qu'aucune prime ni promotion n'ont jamais compensé durablement un mal-être au travail.

Les périodes où j'ai été la plus « riche » coïncident avec les périodes où j'ai été la plus malheureuse. Je n'essaie pas de prouver que l'argent fait le malheur. J'aspire à faire un métier que j'aime, et à être bien payée pour le faire. Mais cela prend du temps, et implique des sacrifices. Depuis un an, mes revenus sont réduits de moitié. Je suis loin d'être à plaindre, Dieu merci. Mais j'ai dû apprendre à vivre autrement (par exemple, en tirant un trait sur l'intégralité de mes achats matériels non nécessaires). Et, devinez quoi ? Je ne suis pas moins heureuse, au contraire. Et je suis plus libre.

IL EST TROP TÔT/TARD POUR ME RECONVERTIR ET/OU ENTREPRENDRE

Certes, il est important de mûrir votre réflexion afin d'être sûr que votre choix est motivé par les bonnes raisons, et que tous les voyants – ou du moins les plus importants – sont au vert. Si ce n'est objectivement pas le bon moment, mieux vaut, de fait, attendre encore un peu. Cependant, rien ne vous empêche de démissionner pour exercer le même métier dans une autre entreprise, car l'attente dudit « *bon moment* » n'en passera que plus vite. Et vous y êtes d'ailleurs fortement invité, si vous êtes malheureux et que vous voulez conserver votre santé. Attention toutefois à ne pas tomber dans le piège de la procrastination éternelle, en particulier si vous pensez être trop vieux (les choses ne vont pas aller en s'arrangeant). Repousser, depuis trois ans, le remplacement de l'ampoule de la cave ne change le cours de votre vie que de manière minime, mis à part peut-être quelques bosses sur le haut de votre crâne, mais perdre des années d'épanouissement professionnel alors que vous avez la chance de pouvoir y aspirer relève du tragique. Oui, oui, *du tragique*.

ENZO : de commercial en grand groupe à coach

« Certaines personnes m'ont dit : "Tu es fou, il faut avoir au moins 35 ans pour être coach !" Non : moi, c'est à 26 ans que j'ai décidé d'oser. »

LÉA : de responsable formation dans le luxe à coach en anglais et en RH

« La phrase "T'en as déjà marre ? À 27 ans ?" me hérisse le poil. Pourquoi attendre jusqu'à 40 ans ? À quel moment la spirale de la performance s'arrête ? »

JACK : de directeur dans le *retail* à social media manager

« J'ai eu une appréhension, mais, une fois que tu es dedans, ça va tout seul. Reprendre ses études, faire un bilan, il n'y a pas d'âge. »

SACHA : de manager en start-up à ébéniste

« Tout le reste de ma vie, je veux le faire pour moi. Et je veux suivre mes valeurs : la justice sociale, la planète… et l'humain. »

↘ LEURS CONSEILS

JOËL : de chargé de clientèle à formateur en entreprise

« On est tellement pris dans notre routine qu'on en oublie des projets auxquels on pense depuis des années… Tu peux atteindre le poste de tes rêves, à partir du moment où tu ne l'oublies pas. »

OSCAR : de chef de projet dans l'automobile à prof de yoga

« Si tous les dimanches, c'est l'angoisse à l'idée du lundi, il n'y a même plus de questions à se poser. Il faut sortir de ce truc mauvais pour toi. Il ne faut jamais perdre de vue ton équilibre. »

CHLOÉ : de cheffe de projet en marketing à fleuriste

« Il faut écouter son cœur, même si ça coûte quelque chose. Les gens ne peuvent pas vivre à notre place. »

DANIEL : de directeur dans l'industrie à fondateur d'un média sportif et social

« Une seule vie, c'est trop peu pour la vivre à moitié en travaillant pour une cause en laquelle on ne croit pas. »

MON EXPÉRIENCE

L'envie de devenir coach a effleuré mon esprit environ deux ans avant de me lancer. J'interviewais un invité ayant quitté la Défense et son Big Four pour devenir coach au Mexique. Le récit qu'il me fit de ce métier attisa ma curiosité. Accompagner des personnes dans l'atteinte de leurs objectifs, ça me faisait à peu près mille fois plus envie que d'aider d'énormes boîtes privées à « déployer des projets de transformation ». Par la suite, j'interviewai d'autres coachs. Mon intérêt prit tellement d'ampleur que je finis par me dire que c'était finalement ça, ma voie. Aider, oui, mais des individus, pas des entreprises. Bingo ! Mais attention : hors de question de l'envisager avant « au moins mes 35 ans » (pourquoi 35 ? Allez donc savoir). Il était trop tôt : ma courte vie – épargnée par le malheur, en dehors d'un enchaînement de mauvaises expériences en conseil – ne me donnait pas assez de légitimité.

Et pourtant, j'ai obtenu mon diplôme de coach à 28 ans, donc bien avant le sacro-saint cap des 35 ans qui devait – croyait ma jeune moi – m'apporter la légitimité éternelle. Pourquoi ? Parce que, si j'avais eu raison, à l'époque, de me dire qu'il était trop tôt, j'avais cependant eu totalement tort de justifier cela par mon « jeune » âge. La vraie raison, c'est que je n'étais pas encore sûre de mon choix (non pas parce que le coaching me faisait douter, mais parce que d'autres pistes semblaient me correspondre tout autant, telles que le journalisme, par exemple). Et ça, même si je ne le discernais pas bien à l'époque, c'est une raison valable. L'âge, en revanche..., *please*, stop.

SI JE ME RECONVERTIS, J'AURAI FAIT TOUTES CES ÉTUDES POUR RIEN

Que vous soyez coiffeur, astrophysicien, plombier ou vétérinaire, vous avez donné de votre personne pour obtenir votre diplôme. Vous vous êtes levé à l'aube, vous avez sacrifié des vacances, vous avez redoublé, triplé, peut-être même n'avez-vous toujours pas fini de payer votre prêt étudiant, mais aucun sacrifice ne justifie de rester dans une situation de mal-être au travail, alors que vous avez la chance de pouvoir y mettre un terme. En outre, une reconversion n'implique pas de faire table rase de toutes ses compétences passées. Si vous étiez comptable et que vous vous lancez dans le théâtre, vous n'aurez probablement plus jamais à équilibrer de bilan, mais les compétences ne se résument pas aux *hard skills* (les compétences techniques). Il y a aussi et surtout les *soft skills* (les compétences humaines) et les *mad skills* (que l'on pourrait traduire par « savoir être » et « compétences loisirs ») qui, elles, vous serviront toujours. Et puis, voyons, un peu de sérieux : vous ne pouvez pas refuser de « perdre » cinq ans d'études et accepter d'en perdre quarante à exercer un métier qui vous rend malheureux.

HUGO : d'analyste en M&A à cofondateur d'une start-up dans la seconde main

« À la question : "Est-ce que je regrette d'avoir fait cinq ans d'études et deux ans de carrière en finance pour, au final, faire quelque chose de totalement différent ?" ma réponse est : non. »

NINA : de responsable recrutement à coach

« Aujourd'hui, mes activités et mes compétences se maillent, se retrouvent. Même la philosophie étudiée pendant mes études, lors de certains coachings. Tout cet écosystème a enfin du sens pour moi. »

JONAS : de juriste à slasheur chef de projet dans l'audiovisuel/ prof de yoga

« J'aurais pu être avocat, faire de belles plaidoiries, avoir une belle robe... Mais c'est un milieu très compliqué ; peu réussissent très bien. Je ne regrette pas mes sept ans de droit, qui m'ont appris une rigueur, une façon de penser. »

JUAN : d'ingénieur à cuisinier

« À aucune seconde je n'ai regretté mon choix, ni la vie de bureau. Aujourd'hui, je dis : "Je suis cuisinier" et non plus "Je suis ancien ingénieur reconverti". »

↘ LEURS CONSEILS

LÉA : de responsable formation dans le luxe à coach en anglais et en RH

« Ton entourage risque de te biaiser : "C'est dommage, tu as fait de super études..." Mais tu pourras toujours mettre ton background à profit. »

HUGO : d'analyste en M&A à cofondateur d'une start-up dans la seconde main

« Tout apprentissage et toute expérience sont bons à prendre, et la peur d'y consacrer du temps ne doit jamais justifier un mal-être professionnel. »

FLORE : de commerciale dans l'informatique à hypnothérapeute

« On se cherche souvent "une" mission dans la vie, "le" truc qui nous fait vibrer. Mais ça nous ferme plein de portes. Il faut s'accorder le droit d'essayer, de changer, de reculer. »

AÏDA : de consultante à chargée de développement dans une start-up de l'ESS

« Il n'est pas toujours nécessaire de tout envoyer bouler pour se reconvertir, si tu n'es pas encore prêt. Il faut trouver l'entreprise qui a une mission qui te parle, à toi. »

MON EXPÉRIENCE

La peur de « me gâcher » si je me reconvertissais après ma fac « d'élite » (vous me verrez aussi exaspérée d'écrire ce mot qu'Hermione ne l'est face au niveau de Ron à leur premier cours de sortilèges) est la croyance limitante la plus coriace que j'aie eue à combattre. Si je suis tout à fait honnête, il m'arrive encore, parfois, de m'en vouloir de ne pas être parvenue à développer le même intérêt pour les jobs à responsabilité dans de grandes entreprises, comme l'écrasante majorité de mes congénères d'amphi. D'autant que tout portait à croire que j'étais faite pour ça. En réalité, il aurait été plus rapide, et plus simple, de me détourner de cette voie à cause d'une absence de capacité. Mais parce que c'est par choix que je souhaitais me réinventer, je m'en suis longtemps empêchée. J'avais l'impression de m'autosaboter.

Je sais pourtant aujourd'hui à quel point il est néfaste de raisonner ainsi. La phrase « Si j'avais une machine à remonter le temps, je (ferais d'autres études, par exemple) » n'a littéralement aucun sens. En premier lieu, parce que, à preuve du contraire, l'humanité ne détient pas encore le secret de cette technologie. Mais aussi et parce que j'avais besoin de ce parcours précis pour me mener à mes choix actuels. Et parce que j'ai acquis de nombreuses compétences sur la route, sans lesquelles je n'aurais jamais osé me lancer dans l'analyse de centaines de pages d'interviews et la rédaction d'un livre entier, sans expérience, sans accompagnement, bref sans rien. Et surtout parce que j'ai vécu de nombreuses expériences et tissé de belles relations sur la route, que je ne regrette pas le moins du monde.

JE N'Y ARRIVERAI JAMAIS

Lorsque vous évoquez votre nouvelle vie, vous ne pouvez pas vous empêcher d'envisager une succession d'échecs cuisants. Telle une diseuse de bonne – ou plutôt de mauvaise – aventure, vous prophétisez : « Si je pars exercer le même métier dans une autre boîte, je serai confronté aux mêmes problèmes qu'aujourd'hui, voire à d'autres encore », « Si je me reconvertis et/ou que j'entreprends, je détesterai mon nouveau quotidien et/ou je ne parviendrai pas à en vivre ». Madame Irma, le bandana et les boucles d'oreilles en moins. Faites un pas de côté. D'une part, si votre travail vous rend malheureux, votre confiance en vous n'est pas au plus haut, et vous avez donc une nette propension à noircir à tort le tableau de votre future vie. Et d'autre part, sur les dizaines (centaines ?) de fois où vous vous êtes dit que vous alliez échouer, combien de fois ce scénario a-t-il effectivement eu lieu ? Changer de vie est loin d'être chose aisée, mais il n'y a pas de meilleur moyen d'échouer que de se dire que l'on va échouer, car cela tue la motivation – atout dont vous aurez pourtant bien besoin.

GWEN : de directrice de la communication à coach sportive

« C'est très physique et fatigant...

MAIS je ne veux pas retourner au salariat, ou à la communication, trop axée "chiffre". Et je ne veux plus avoir à rendre de comptes ou à remplir des objectifs. »

AMBRE : d'assistante en maison de disques à institutrice

« Je serai peut-être fatiguée un jour, car c'est crevant d'être tout le temps debout, de parler toute la journée, c'est bruyant (surtout en maternelle)...

MAIS, pour l'instant, ça me plaît énormément. »

CHLOÉ : de cheffe de projet en marketing à fleuriste

« Parfois, tu as des jours difficiles, tu doutes. Tu te dis : "Je devrais prendre un job plus tranquille"...

MAIS ma thérapie, c'est de créer. Et, en tant que fleuriste et artiste, je sais que je vais créer. »

SIBYL : de commerciale à photographe

« Parfois, je me dis "Waouh, mais qu'est-ce que tu as fait ? !"...

MAIS je n'ai aucun regret. Je n'ai jamais été aussi heureuse en me levant le matin. »

— BENJEN STARK, *Game of Thrones*

Mon frère m'a appris, un jour, que rien de ce qu'on dit avant le mot « mais » ne compte vraiment.

↘ LEURS CONSEILS

JUNE : **de cheffe de projet dans l'énergie à coach**

« Si tu sais qui tu es profondément, tu sais ce que tu fais et pourquoi tu le fais. C'est la clé. Le dénominateur commun de ta vie, c'est toi. »

TOM : **de directeur de la communication à ébéniste**

« Quand on prend plaisir à faire les choses, on est surpris par soi-même. Tu vas plus vite, tu travailles mieux. Comme c'est un plaisir, c'est plus un labeur. Tout est plus fluide. »

ANGE : **d'analyste en M&A à fondateur d'une marque de distributeurs automatiques**

« Si tu ne fais pas un truc que tu as mûri, qui vient de tes tripes, c'est dur. Alors que si tu es passionné, tu te lèves facilement, tu vois les choses autrement. Les échecs deviennent des challenges positifs. »

AMIR : **de manager au sein d'un Big Four à slasheur guide touristique/coach**

« Quand tu es honnête avec toi-même, non seulement tu te sens mieux, mais, surtout, tu t'engages dans les bonnes choses. »

MON EXPÉRIENCE

Chaque fois que j'ai fait face à un challenge, je me suis persuadée que j'allais échouer : des concours de gym ou de piano au brevet et au bac, en passant par le permis (bon..., j'ai tout de même eu besoin de quarante heures de cours pour apprendre à conduire). Heureusement, ma capacité à me préparer n'en pâtissait pas. Je réussissais, donc, et m'en voulais alors terriblement de m'être sous-estimée... – enfin, jusqu'au challenge suivant ; ma mémoire s'effaçant systématiquement, comme par magie. Apprendre de ses erreurs ? Quelle drôle d'idée !

Lorsque ce livre a germé dans mon esprit, nous étions à l'été 2021. Au bord d'une piscine en Tunisie, j'ai dévoré un ouvrage génial sur la quête de bien-être (au travail, en majeure partie), et je me suis promis de lancer un jour un projet similaire. Un an plus tard, je contactais l'éditeur de l'ouvrage qui m'avait inspiré l'idée. Super emballé, il me proposera d'échanger par mail, puis visio... avant de se rétracter, mettant en cause mon absence de légitimité. Pendant un mois, j'ai arrêté d'écrire. J'étais plus convaincue que jamais que j'allais échouer (d'autant que les statistiques nébuleuses d'Internet donnent l'impression qu'en tant que jeune auteur on a autant de chance d'être édité que de gagner au Loto). J'ai dû me faire violence pour reprendre l'écriture. Et, quelques mois plus tard, j'ai eu l'honneur de signer un contrat auprès d'Améthyste. Ce livre a failli ne jamais exister... à cause d'une peur tout ce qu'il y a de plus irrationnelle.

SI J'ÉCHOUE, JE VAIS REGRETTER

On a dit quoi au sujet de l'échec, déjà ? Si vous avez la mémoire d'un poisson rouge, ou que vous venez de reprendre la lecture de ce livre après des mois d'interruption, référez-vous à la page précédente. Admettons maintenant que vous soyez bel et bien amené à vous « planter » : vous ne parvenez pas à obtenir votre diplôme, ou à vous épanouir dans votre nouvelle vie, ou à obtenir des revenus suffisants pour vivre... Vous devrez faire preuve de résilience et rebondir. Mais cela signifie-t-il que vous n'aurez d'autre choix que de rappeler votre ancien boss toxique en le suppliant de vous embaucher à nouveau pour faire ce job affreux, tandis qu'il vous rira au nez en vous disant que c'est bien fait pour vous ? Bien sûr que non. Quelles que soient la nature de votre « échec » et la vitesse à laquelle il arrive, vous aurez forcément eu le temps d'apprendre a minima une chose cruciale : ce que vous ne voulez plus. Et, quel que soit votre plan B, vous y serez donc mieux que dans votre vie d'avant. Car, quand on quitte un job qui nous rend malheureux, on quitte d'abord et avant tout le fait d'accepter d'être malheureux (au travail ou ailleurs). Et ça, c'est pour la vie.

P-S : N'oubliez pas les limites de notre perception très *frenchie* de « l'échec »...

PEDRO : de directeur de la communication à cofondateur d'une plateforme de cosmétiques responsables

« Même si ça ne marche pas, on sera contents et fiers de l'avoir fait. »

JOHAN : de chef de projet en start-up à influenceur *food*

« Je n'ai pas peur de grand-chose, et au pire si ça doit s'arrêter, je n'aurai pas de regrets, car j'aurai essayé. »

ADÈLE : de manager dans l'informatique à pâtissière

« Pour rien au monde je ne changerais. Tu es tout le temps en train d'inventer, de chercher… Si ça ne marche pas, au moins, j'aurai essayé. Je veux être un exemple pour mes enfants. »

MARIUS : d'ingénieur travaux à fondateur d'une plateforme de préparation laïque au mariage

« Posez-vous simplement la question suivante: "Je risque quoi ?" Et en fait, souvent, vous verrez que vous ne risquez pas grand-chose. Au pire, vous retournerez dans votre ancienne carrière, mais en ayant appris énormément de nouvelles choses, que vous pourrez d'ailleurs valoriser en entretien. »

↘ LEURS CONSEILS

LAURA : d'hôtesse de l'air à coach

« Si tu te plantes, tant mieux. Car, quand tu te plantes, tu apprends. »

JACK : de directeur dans le *retail* à social media manager

« Il n'y a pas de reconversion ratée, car c'est une démarche qui est personnelle, réfléchie. Tu en tireras forcément quelque chose. »

JE PEUX ÊTRE HEUREUX (ET HEUREUSE !), MÊME SI JE DÉTESTE MON JOB

C'est peut-être la pire des croyances. Non, non et non ! Bon, si vous êtes rentier et que votre job ne vous prend qu'une heure par semaine, peut-être avez-vous raison. Mais, si vous passez le plus clair de votre temps à travailler, comme 99 % de nous autres, pauvres mortels, vous pourchassez une chimère. Preuve s'il en fallait, les paroles des sages d'Okinawa : si nous ne sommes pas connectés à ce que nous faisons, nous ressentons du désespoir, et c'est uniquement lorsque nous trouvons notre *ikigai* que nous vivons pleinement. Vous n'avez pas trouvé votre *ikigai*, vous paniquez, vous doutez de parvenir à atteindre un jour le bonheur, le vrai ? La bonne nouvelle, c'est qu'ils ont un conseil pour vous : « Vous avez une passion, un talent unique qui donnera du sens à vos journées et vous conduira à donner le meilleur de vous-même jusqu'à votre dernier souffle. Si vous n'avez pas encore trouvé votre *ikigai*, votre mission est de le découvrir. » Alors, au boulot ! Et si vous mettez vingt ans à trouver votre ou vos voies, tant pis. Mieux vaut tard que jamais, non[33] ?

33. *Fun fact* : lorsque j'ai écrit ce paragraphe, la phrase « Vous n'avez pas trouvé votre *ikigai*, vous paniquez, vous doutez de parvenir à atteindre un jour le bonheur, le vrai ? La bonne nouvelle, c'est qu'ils ont un conseil pour vous » ne terminait pas par « vous » mais par… « nous ». Eh oui, j'étais (sans offense) tout aussi perdue que vous ! Et pourtant, quelques mois plus tard, j'ai effectué le remplacement salvateur du « nous » par « vous », signifiant ni plus ni moins que j'avais, à mon tour, enfin, trouvé « ma voie », à savoir le coaching. Morale de l'histoire : si j'ai réussi, vous le pouvez aussi !

LAURA : d'hôtesse de l'air à coach

« Dans ma vie, il y a eu plein de hauts et de bas. Mais aujourd'hui, je n'ai plus de problèmes. »

LUCIE : de photographe de mode salariée à photographe en freelance

« Je sens que j'ai touché mon idéal de vie, celui dont je rêvais étant plus jeune. »

AMIR : de manager au sein d'un Big Four à slasheur guide touristique/coach

« J'ai de la gratitude envers ma vie d'avant. Il y a un "cadeau caché" dans toute épreuve. Et le cadeau caché de mon burn-out, c'est ma vie à Puerto. Ici, tout est simple. J'ai ma moto, je suis libre comme l'air... »

AVA : de consultante en digital à prof de tennis

« Cette remise à zéro me rend très heureuse. Et le plaisir que je peux prendre aujourd'hui, je ne suis pas sûre qu'il y ait beaucoup de personnes qui le ressentent... Et je le leur souhaite. »

↘ LEURS CONSEILS

PIO : de chef de projet en start-up à fondateur d'une plateforme de *webnovels*

« Ton métier, c'est 80 % du temps que tu passes entre tes 25 et 60 ans. C'est énorme dans ta vie, et c'est important qu'il te plaise. Ça vaut le coup. »

TATIANA : de cheffe de projet dans les médias à coach pour personnes en préretraite

« Quelque chose de mieux existe. Il faut être avec des gens qu'on aime, et faire des choses qu'on aime... Car c'est ça, la vie. Il ne faut pas rester, si on va mal, dans un métier où on n'est pas aligné avec ses valeurs et malheureux. »

JOSÉPHINE : de cheffe de projet dans l'événementiel à coach

« Il ne faut pas réfléchir à un "métier" dans lequel tu vas rester enfermé toute ta vie. Il faut plutôt se dire : "À quoi je vais contribuer ? Et comment je vais le faire en restant moi-même ?" »

#3. QUE PUIS-JE ÉCOUTER À LA PLACE ?

J'ÉCOUTE MON INTUITION

L'intuition est une sorte de sixième sens qui nous pousse à prendre certaines de nos décisions. Elle peut vous dire de ne pas prendre un plat au resto, de ne pas emprunter cette ruelle sombre, de faire confiance à cette nounou pour garder vos enfants, ou de vous lancer dans une voie pour le moins surprenante… Et elle peut aussi vous souffler de démissionner, alors même que vous n'aviez pas du tout prévu de le faire, ou pas tout de suite. Dans ce cas, elle est souvent difficile à écouter, même pour ceux d'entre nous qui ont le plus l'habitude de fonctionner « à l'instinct ». Pourquoi ? Parce que, d'une part, nous opposons à tort intuition et logique, et que faire confiance à son intuition pour démissionner reviendrait donc à agir de manière illogique. Or il ne s'agit pas d'une destination de vacances ou d'une nouvelle coupe de cheveux, mais de votre principale – voire seule – source de revenus. Et d'autre part, nous percevons souvent la fuite comme un manque de courage ou un échec : démissionner serait donc réservé aux « faibles », aux « loosers ». Pourtant, la science a prouvé que la fuite était le premier mécanisme de l'instinct de survie à se mettre en marche. Autrement dit, si votre instinct vous dit de fuir, c'est pour sauver votre peau. Si vous pouvez vous permettre de démissionner, arrêtez donc de vous poser 36 000 questions, et prenez vos jambes à votre cou !

JACK : de directeur dans le *retail* à social media manager

« J'étais usé. Ça faisait dix ans que j'évoluais dans le *retail*. C'est un secteur où tu n'as pas de jour férié, tu n'as qu'un jour de congé mais on peut t'appeler quand même... Je n'avais plus de vie privée. J'ai dit stop. »

LÉA : de responsable formation dans le luxe à coach en anglais et en RH

« J'ai perdu quelqu'un de proche. Et je me suis dit : "Ce qui est important, c'est mon temps." Le temps ne s'achète pas. Or je laissais beaucoup de temps à mon boulot. »

MALO : de chef de projet dans le luxe à fondateur d'une application qui réinvente la pause déjeuner

« Un jour, alors que je bossais sur ma présentation pour une crème de beauté à base d'or avec un reportage Arte en fond, je lève les yeux sur ma télé et vois des enfants de Djibouti jouer au foot, pieds nus, sans chaussures. Ça m'a fait un choc. À partir de ce jour, je me suis éloigné de plus en plus de mon travail. J'étais en total manque de sens. J'ai démissionné. »

JOSH : de chef de projet dans l'assurance à réalisateur indépendant

« Le week-end suivant, je suis parti en randonnée dans le Cantal, et, au milieu des champs et des volcans, je me suis dit : "C'est un truc d'extérieur qu'il me faut, il faut que je bouge et que je puisse m'exprimer comme je le souhaite." C'était ça, mon déclic. Et le lundi suivant... j'ai démissionné. »

LYS : de cheffe de projet en communication à *digital nomad*

« Un jour, en hiver, j'arrive au travail, et je dis à une amie : "Je sens que j'arrive à bout. Paris me tue à petit feu. J'ai envie de démissionner." Elle me répond : "Réfléchis bien." Et justement, je me suis dit : "Je ne suis pas une personne réfléchie. J'ai besoin de m'écouter !" Je suis allée dans le bureau de mon boss, et j'ai démissionné. »

ROSE : de responsable développement et logistique à fondatrice d'un cabinet de conseil en expérience collaborateur

« Le salaire n'est pas ma principale motivation, mais un entretien mal vécu à ce sujet m'a fait un déclic. J'ai commencé à me questionner sur ma perception de l'équilibre entre ce que je donne et ce que je reçois... Grâce au soutien de mon mari, qui m'a encouragée à démissionner malgré nos responsabilités de parents..., j'ai démissionné. »

HUGO : d'analyste en M&A à cofondateur d'une start-up dans la seconde main

« Alors que j'avais prévu des vacances en famille depuis des semaines et prévenu mon boss très en amont, il me les a annulées au dernier moment... et en plein mois d'août, alors qu'il ne se passait rien sur les marchés financiers ! Ce fut l'élément déclencheur. »

ELLA : de cheffe de projet au sein d'une fondation à guide touristique

« Ma manager m'a convoquée. Elle a remis en question l'ensemble de mon travail, mais surtout elle m'a attaquée personnellement. Très vite, j'ai décidé de prendre du recul sur tout ça, et de démissionner. »

CHAD : de consultant en Big Four à responsable RH dans l'ESS

« Je rentre sur une grosse mission en ayant les responsabilités du grade que j'aurais "dû" avoir. L'injustice que je ressens est mon déclic. Ma balance objectifs/inconvénients s'écroule, et je ne me reconnais plus. Je démissionne en novembre 2020 sans plan B. »

MON EXPÉRIENCE

Je vous ai dit que ma deuxième démission avait été déclenchée par l'aide d'une coach. C'est la vérité, car le coaching était une condition nécessaire à ma mise en mouvement. Mais c'est une vérité incomplète toutefois, car, à lui seul, le coaching n'aurait pas suffi. Si j'ai réussi à m'extirper de ma dernière entreprise, et du conseil en général, c'est aussi parce que j'ai décidé de faire confiance à mon intuition.

Je m'explique. Lorsqu'arriva enfin le printemps – symbole de renaissance (résurrection même pour ma part, suite aux terribles hivers parisiens, et quel beau clin d'œil du destin que, tout à fait par hasard, cet ouvrage ait été publié à cette saison) –, j'ai pris deux décisions absurdes, sur un coup de tête, sans vraiment savoir pourquoi... ; bref, par intuition. La première : abandonner mon appartement de Paris pour retourner vivre chez mes parents. Et la deuxième : réserver un voyage en Asie de six semaines, au cœur de l'automne. Quel rapport avec ma démission, me direz-vous ? Eh bien, même si c'était inconscient à l'époque, c'était en réalité une manière de m'assurer que celle-ci ne tarderait pas. D'une part, les allers-retours à Paris seraient intenables (Provins, la ville de mes parents, est située à un peu moins de 90 km de la capitale, ce qui représentait 3 h de transilien par jour) sur le long terme, et d'autre part jamais mon entreprise ne m'accorderait six semaines de vacances en dehors de l'été. Lorsque je décidai de démissionner, il me restait un soupçon de doute, et de peur. Mais... retrouver un appartement ? Tirer un trait sur mes vacances ? Impossible. Je n'avais d'autre choix que de me jeter à l'eau.

J'ÉCOUTE MON CORPS

Nous avons un deuxième sixième sens (ou un septième, si vous préférez) : l'intéroception. Il s'agit de la capacité à comprendre ce qu'il se produit dans notre corps, et de traiter les signaux qu'il émet – des plus basiques (la faim, la fatigue...) aux plus subtils (les microsignaux envoyés quelques jours en amont d'une maladie). Les symptômes physiques sont les premiers indicateurs d'un mauvais état psychologique. Si vous êtes malheureux au travail, votre corps vous le dira : maux d'estomac, maux de tête, insomnies, appétit déréglé, boutons, perte de cheveux, crises de larmes, angoisses, etc. Ne pas écouter ces symptômes peut avoir des répercussions catastrophiques et durables. Si vous ne voulez pas que la situation débouche sur une « maladie en *out* », ou sur un pépin de santé autrement plus grave, ne les négligez donc surtout pas.

Travailler, c'est bien ; se tuer au travail, un peu moins.

— LISE BOURBEAU, *Les 5 Blessures qui empêchent d'être soi-même*[34]

Le corps est toujours en transformation, il nous indique en tout temps ce qui se passe à l'intérieur de nous.

— TARA SWART, *La Source*

De nombreuses personnes motivées et performantes croient qu'elles fonctionnent mieux sous la pression [...]. Ces personnes ignorent le plus souvent les signaux que leur envoie leur corps incapable de suivre la cadence. Cela peut durer des années.

34. Lise Bourbeau, *Les 5 Blessures qui empêchent d'être soi-même*, Pocket, Paris, 2013.

OSCAR : de chef de projet dans l'automobile à prof de yoga

« J'étais passionné par mon truc. Du coup, je me suis cramé : je taffais le soir, le week-end… J'ai dû prendre des médicaments pour tenir. Mon corps ne pouvait plus. Et donc, après six ans de bons et loyaux services…, j'ai démissionné. »

LAURA : d'hôtesse de l'air à coach

« Avant mes derniers vols, j'étais si mal que, dès que je partais pour faire le service, je suffoquais. J'étais en crise d'angoisse. Je ne pouvais plus. J'ai même eu une infection pulmonaire, j'ai failli être hospitalisée, j'ai subi des piqûres pour m'aider à respirer. J'ai compris que je devais partir. »

AXEL : de chargé de com dans un musée à fondateur d'une agence de com

« Mon bore-out a été le déclencheur qui m'a fait comprendre que je ne restais dans mon job que pour la sécurité. »

MILA : de directrice RH à maquilleuse

« Un jour, je pars à 17 h 30 pour un spectacle de mon fils, et me fais réprimander par l'assistante de mon boss. Personne ne me félicitait d'arriver à 7 h 30 du mat ou de partir à minuit… J'arrive au spectacle de mon fils en pleurant ! En sortant, je démissionne. Si je n'avais pas pris cette décision, j'aurais fini par contracter une maladie mortelle. »

GINA : d'ingénieure à blogueuse pour mamans

« J'ai eu des engourdissements dans le bras gauche, et je me suis retrouvée aux urgences. Il y avait un risque de micro-AVC ! Je suis allée en soins intensifs en neurologie. En retournant au travail après mon arrêt, ma cheffe m'a fait une remarque. Après la réunion, j'ai eu un flash devant les yeux et des vertiges. Tous les symptômes étaient revenus. Et là, je me suis dit : "C'est bon, j'arrête." »

MON EXPÉRIENCE

Les raisons qui sont à l'origine de ma première démission sont nombreuses, mais, si ma lettre a été envoyée aussi « tôt » (six mois après mon entrée dans l'entreprise), c'est d'abord et avant tout parce que j'ai décidé d'écouter mon corps. Je n'avais créé *I quit, thanks* que trois mois plus tôt, mais j'avais déjà entendu suffisamment de témoignages autour des impacts dévastateurs du mal-être au travail sur la santé (en l'occurrence, sur la santé physique) pour être particulièrement alerte le jour où j'ai moi-même commencé à être concernée.

Moi qui mange comme quatre, je n'avais plus d'appétit. Mes nuits étaient rythmées par des insomnies ou des cauchemars. Je faisais des crises de panique régulières, souvent accompagnées de crises de larmes. Mes défenses immunitaires étaient au plus bas. J'ai mis quelques semaines à comprendre que la dégradation de mon état physique (et mental, mais c'est de l'importance des signaux que nous envoie notre corps que nous parlons ici) n'était pas tant liée à la pandémie ou au mauvais temps parisien qu'à ma profonde détresse professionnelle. Lorsque j'ai ouvert mon ordinateur après les congés de fin d'année, la panique m'a paralysée. Ce fut la goutte de trop : impossible de continuer à me mentir, j'envoyai ma lettre de démission dans la journée.

POUR CONCLURE…

Vous avez levé tout frein financier, ou avez la chance de ne pas en avoir. Pourtant, à la motivation sans faille d'hier succède une peur panique de prendre rendez-vous avec votre boss pour lui annoncer votre départ. On vous martèle depuis toujours que « l'herbe n'est pas plus verte ailleurs ». De ce fait, vous êtes terrifié à l'idée de regretter. Sans parler des innombrables autres croyances limitantes qui vous barrent la route. Mais vous pouvez vaincre cette peur : en plongeant en vous pour comprendre d'où elle vient, en vous inspirant des parcours de celles et ceux qui l'ont fait avec vous, et surtout en vous écoutant (vous, et pas votre syndrome de l'imposteur et ses cousins maléfiques). Parce que, devinez quoi ?, le meilleur moyen de sauter le pas, c'est de sauter le pas.

↘ LEURS CONSEILS

ALI : **de vice-président d'une banque à fondateur de start-up éco-responsables**

« Quand tu es dans la matrice, tu es *pluggé*, tu te conformes au modèle. Alors oui, les changements sont compliqués, mais, si tu ne te jettes pas à l'eau, c'est sûr qu'il ne va rien se passer. »

JONAS : **de juriste à slasheur chef de projet dans l'audiovisuel/prof de yoga**

« Ramer dans un environnement qui ne te correspond pas et dans lequel tu te sens comme un étranger n'aide pas à avancer avec ambition. On est dans une société où il est important de se mettre au défi. Il faut se faire confiance. »

LAURA : **d'hôtesse de l'air à coach**

« Il faut de la volonté. C'est confortable de dire : "Pauvre de moi !" Mais si tu dois mourir demain, qui veux-tu être ? Donne-toi les moyens d'y arriver. »

ADÈLE : **de manager dans l'informatique à pâtissière**

« Si quelque chose ne va pas, on a le pouvoir. On a toujours le choix. »

FICHE #8.1

Comment faire taire mes croyances ?

JE PRENDS CONSCIENCE DE CE QUI NE VA PAS

#1. Parmi les six croyances à bannir à tout prix, desquelles êtes-vous victime ? Quelles sont leurs conséquences sur votre vie professionnelle ?

Petit rappel : « Je ne peux pas gagner moins d'argent », « Il est trop tôt/tard pour me reconvertir et/ou entreprendre », « Si je me reconvertis, j'aurai fait toutes ces études pour rien », « Je n'y arriverai jamais », « Si j'échoue, je vais regretter », « Je peux être heureux/heureuse même si je déteste mon job ».

#2. Y a-t-il d'autres croyances limitantes qui vous viennent en tête ? Quelles sont leurs conséquences sur votre vie professionnelle ?

À ce stade, concentrez-vous uniquement sur les croyances limitantes issues de votre propre esprit, et non des injonctions reçues de la part de votre entourage et/ou de la société.

#3. Comme si ça ne suffisait pas, en plus des croyances issues de notre propre petit cerveau, il y a celles que les autres nous transmettent (merci, hein, vraiment !). Lesquelles vous viennent en tête ? Quelles sont leurs conséquences sur votre vie professionnelle ?

Exemples : « Tu feras ce que tu aimes après ton bac + 5 », « Fais comme tes frères/sœurs », « Si tu deviens artiste, tu vas mourir de faim », « Tu es trop gentil/méchant », « Ce n'est pas un métier de femme/d'homme », « Tu dois reprendre la boîte de ton père/ta mère », « Tu n'es pas manuel/pas fait pour les grandes études », « Tu n'es pas créatif », « De la psycho/du théâtre/du dessin/etc., avec de si bonnes notes en sciences ? Quel gâchis !... » Etc.

#4. Un adulte prend plus de trente mille décisions… par jour ! Sur une échelle de 1 à 10, 1 étant « c'est la cata » et 10 « tout baigne », à quel niveau êtes-vous satisfait de la manière dont vous faites vos choix ?

Si besoin est, vous pouvez noter deux chiffres : un pour vos choix pros, et un pour vos choix persos.

1 2 3 4 5 6 7 8 9 10

Décrivez l'état associé à ce(s) chiffre(s) :

#5. Focus sur le pro : imaginons, juste comme ça, que vous ne soyez pas satisfait de vos choix. Comment l'expliquez-vous ? Quelles sont les conséquences sur votre vie ?

Exemples : Vous ne vous écoutez pas, vous allez trop vite, vous ne prenez pas en compte toutes vos options, vous réfléchissez trop, vous avez trop peur de vous tromper, vous stressez trop, vous écoutez trop les autres…

....

....

....

#6. Quels sont vos pires choix professionnels ? Pourquoi ?

Conseil : Limitez-vous à trois.

P-S : Mais non, je ne vous abandonnerai pas là-dessus. Un peu de patience, les bonnes énergies arrivent.

....

....

....

....

....

....

....

....

....

3 actions à mettre en place dès demain pour poursuivre ma réflexion :

-
-
-

NOTES

FICHE #8.2

Comment faire taire mes croyances ?

JE (RE)PRENDS CONFIANCE EN MOI…, ET J'AGIS

#1. « Uuun… rayon d'soleeeeeil… » Allez, il est temps d'éclaircir ce ciel si nuageux. Quelles sont vos réussites ?

Pistes de réflexion : Pensez à tous les moments où vous avez donné le meilleur de vous-même, où vos actions ont eu un impact positif sur vous et/ou sur les autres, où vous avez ressenti une profonde fierté…

Ne vous posez aucune limite : Ces réussites peuvent être pros, persos, récentes, anciennes, grandes, petites… Remplissez cet espace (et même des Post-it que vous pourrez glisser dans ce livre et relire en cas de coup de mou).

#2. Quels sont les points communs à toutes ces réussites ?

Quelles conclusions en tirez-vous quant à vos capacités, vos qualités, bref, vos super-pouvoirs ?

#3. Sur la fiche précédente, vous avez noté une ou des croyances et leurs conséquences. Imaginez qu'à votre réveil demain, comme par magie, toutes ces barrières se soient levées. Qu'est-ce qui devient possible dans votre vie pro ?

Vous pouvez diviser cet espace en trois colonnes. À gauche : listez vos croyances limitantes, puis barrez-les une à une. Au milieu : remplacez-les par les croyances positives correspondantes. À droite : imaginez les impacts positifs sur votre vie pro.

#4. Vous avez aussi noté une ou des raisons à vos mauvais choix et leurs conséquences. Imaginez qu'à votre réveil demain (décidément, c'est votre jour de chance !), comme par magie, vous soyez apte à faire les meilleurs choix pour vous-même. Qu'est-ce qui deviendrait possible dans votre vie pro ?

À nouveau, vous pouvez diviser cet espace en trois colonnes. À gauche : listez les raisons qui vous ont poussé à faire de mauvais choix professionnels. Puis au milieu : imaginez les comportements/raisonnements positifs correspondants. Enfin, à droite : imaginez les impacts positifs sur votre vie.

#5. Séquence émotion : quelle(s) promesse(s) faites-vous à votre « vous » d'un an de plus ? Et à celui de dix ans de plus ?

Vous pouvez diviser cet espace en deux colonnes, et rédiger deux cartes postales, l'une commençant par « Chère Sonia de 30 ans », et l'autre par « Chère Sonia de 40 ans » (bon, avec votre prénom et vos âges, hein, vous avez compris).

#6. « Paroles, paroles, parooooleeeees ! » C'est bien beau, de discuter, mais il est temps de se mettre en mouvement : quelles actions concrètes allez-vous mettre en place dès aujourd'hui pour les tenir, vos belles promesses ?

Conseil : Vous pouvez tracer deux lignes du temps parallèles.

À gauche de chacune : la date du jour. À droite : notez pour l'une, la date dans un an, pour l'autre, la date dans dix ans ; et, dans les deux cas, votre/vos objectif(s) à atteindre d'ici là. Puis, d'abord pour une ligne, puis pour l'autre, notez l'action qui a précédé l'atteinte de l'objectif de fin. Puis celle d'avant... Et ainsi de suite.

3 actions à mettre en place dès demain pour poursuivre ma réflexion :

-
-
-

Conclusion

« **JE DÉMISSIONNE, BISOUS.** » Peut-être est-ce la prochaine phrase que vous direz à votre boss. Peut-être la lui avez-vous dite avant même d'arriver à la conclusion de ce livre. Ou peut-être n'êtes-vous toujours pas prêt à vous jeter de la falaise… Et c'est bien normal : la plupart des êtres humains au cerveau normalement constitué s'y prennent à deux fois avant de faire un plongeon de plusieurs dizaines de mètres dans une mer agitée, glaciale et profonde. Pour autant, vous n'êtes plus le même.

Vous ne vous infligez plus de coups de tisons incandescents parce que vous êtes « ingrat de détester votre job, alors que des millions de gens rêvent d'être à votre place ». Vous ne pensez plus que vous parviendrez à vous épanouir tout en maintenant le statu quo. Vous n'allez plus faire l'autruche en espérant que « ça passe ». Vous avez (re)pris conscience des risques que vous encourez, sur votre santé mais aussi sur tous les autres domaines de votre vie. Vous savez qu'il relève de votre droit – que dis-je, de votre devoir – de profiter de la chance que vous avez de vivre dans un pays et à une époque où vous pouvez mettre un terme à votre mal-être.

Vous ne pensez plus que votre seule option, si vous démissionnez, est de faire le même job dans une autre boîte (même si, si telle est votre volonté, c'est très bien aussi). Vous n'êtes plus dans la poursuite infinie de votre perfection (ce qui vous rendait déprimé, anxieux, et plus déprimé encore, et ainsi de suite jusqu'au septième cercle de l'enfer), et l'échec ne vous fait plus peur (ou du moins plus autant que de ne pas essayer de changer votre situation). Vous savez que viendra le jour où vous saurez enfin « quoi faire de votre vie ». Votre horizon s'éclaircit : non seulement les possibilités sont infinies, mais vous avez les ressources – en vous et autour de vous (en vous faisant aider, par exemple) – pour trouver votre *ikigai*.

Enfin, vous ne pensez plus que vous êtes anormal ou lâche de ne pas trouver le courage de démissionner. Vous ne vous dites plus que « quand on veut, on peut », et que donc, si vous n'avez toujours pas sauté le pas, c'est qu'au fond vous n'êtes pas si malheureux. Le salaire, le prestige, la réussite, le diplôme, l'âge, etc. n'ont plus aucune espèce d'importance : vous donner tous les moyens de ne jamais atteindre le jour où vous aurez d'amers regrets alors qu'il sera trop tard, en revanche, si. Vous avez compris qu'au-delà du frein financier ce sont vos croyances limitantes qui sont à l'origine de votre inertie : vous allez moins les écouter et écouter davantage votre intuition et votre corps, qui eux, vous veulent du bien.

Tout au long de ce livre, j'ai fait le choix de vous parler de mon parcours. Pourtant, cela a failli ne pas être le cas. Au moment où j'ai signé mon contrat d'édition, les chapitres « Mon expérience » se comptaient sur les doigts de la main. Mon histoire était dépourvue d'intérêt pour mes lecteurs, hors de question de parler de moi. Je n'ai pas assez vu, vécu, fait. N'être que la voix de mes invités, me cantonner au statut d'intermédiaire, était la meilleure façon de me rendre utile. « Non mais, sérieusement, qui suis-je pour raconter ma vie dans un livre ? Michelle Obama ? »

Quelle ne fut pas ma surprise en entendant le principal retour de Siham (multi-entrepreneure, et chère amie d'enfance), après lui avoir envoyé mon manuscrit afin qu'elle puisse en rédiger la préface : « Tu sais, So, en vérité, les passages où tu parles de toi, c'est les passages que j'ai préférés [...]. Je t'avoue que j'aurais aimé encore plus sentir ton parcours et ton histoire. » Et la réponse à la question « Non mais, sérieusement, qui suis-je ? » m'apparut, telle une illumination : « Justement, je ne suis personne ! Et donc... je suis tout le monde ! » Qu'à cela ne tienne : je demandai un délai supplémentaire à mon éditrice, et me lançai dans la rédaction de ces nombreuses (enfin, pas trop j'espère... ?) bribes de mon parcours : tristes ou joyeuses, banales ou loufoques, mais toujours sincères. J'espère qu'elles vous permettront d'avancer un peu plus vers vos objectifs, quels qu'ils soient.

Avant de vous quitter, j'aimerais partager avec vous un dernier (pas si petit) petit bout de mon histoire : la période s'étendant de l'été 2022 à l'été 2023, celle qui a suivi ma dernière démission, et surtout celle que j'ai décidé de consacrer en majeure partie à l'écriture de ce livre. Pourquoi ? Parce que le fait que je sois venue à bout de ce projet est une preuve de plus – s'il en fallait une – de l'importance de faire taire ses croyances limitantes pour réaliser ses rêves.

J'ai eu de nombreux moments de flow, certes. Les idées fusaient de toutes parts, et mes doigts pianotaient à vitesse grand V sur le clavier de mon ordinateur. Je croyais alors dur comme fer à mon projet, mais à ces heureux épisodes succédaient toujours d'affreux doutes. « Je suis trop jeune », « C'est creux, c'est superficiel, c'est maladroit, c'est bancal, c'est mal écrit », « Je suis nulle », « Je perds mon temps », « Je suis ridicule », « Je dois abandonner », « Je me prends pour qui, sérieux ? » etc. Et puis, il y avait le regard des gens, mi-interrogateur mi-gêné, quand je répondais à leur « Tu fais quoi dans la vie ? » par un « J'ai démissionné plusieurs fois, et justement j'écris un livre sur... euh... la démission ». Je ne peux leur en vouloir : n'est-il pas grotesque d'écrire un livre sur la quête de sa voie alors que je viens tout juste de trouver la mienne (enfin, les miennes : le coaching et l'écriture) ? Bozo le clown, la perruque et le nez rouge en moins.

À l'heure où j'écris ces lignes, je ne sais pas si mon ouvrage trouvera ses lecteurs ou s'il ne sera lu que par ma famille et quelques loyaux amis, avant de tomber dans les méandres de l'oubli. Je ne sais pas non plus s'il permettra des prises de conscience ou s'il ne provoquera que soupirs, haussements d'épaules et « ça valait bien le coup de perdre mon temps et mon argent pour ça ». Ce que je sais, en revanche, c'est que je rêvais d'écrire un livre, un « vrai » livre, avec mes doigts, ma tête, et surtout mon cœur. C'est chose faite. Pour réaliser ce rêve, la condition sine qua non était de faire taire mes croyances, ou du moins de baisser le volume, jusqu'à ce qu'elles deviennent de vains, étouffés et imperceptibles murmures. Si ce livre vous a permis de baisser le volume, il a rempli sa mission.

S'il vous a permis de baisser le volume, vous êtes libre.

Je vous l'ai déjà dit en début d'ouvrage, mais je vous le répète, juste au cas où : si vous vous sentez bloqué, perdu, anxieux... ou qu'il vous reste des questions, tout simplement...

... rencontrons-nous ! Je serai ravie de vous aider à y voir plus clair.

Rendez-vous sur :

www.iquitthanks.com

@i.quit.thanks

BONUS

INSPIRATIONS

« TU VEUX DIRE, S'ÉTONNA CASPIAN, QUE VOUS TROIS VENEZ D'UN MONDE ROND, ROND COMME UN BALLON, ET QUE VOUS NE ME L'AVEZ JAMAIS DIT ! CE N'EST VRAIMENT PAS GENTIL DE VOTRE PART. CAR NOUS AVONS DES CONTES DE FÉES QUI SE PASSENT DANS DES MONDES RONDS, ET JE LES AI TOUJOURS ADORÉS. »

C.S. LEWIS, *LE MONDE DE NARNIA*

CHAPITRE 1 • JOBS À IMPACT — 347

CHAPITRE 2 • TRAVAILLER AVEC
ET POUR LES FEMMES — 355

CHAPITRE 3 • CARNETS DE VOYAGE — 363

— Chapitre 1 —
JOBS À IMPACT

« La hausse de la température globale s'est encore accentuée. » « La vulnérabilité des écosystèmes et des populations s'accroît. » « Les émissions de gaz à effet de serre continuent d'augmenter. » « Les impacts du changement climatique vont s'accentuer au fur et à mesure du réchauffement mondial. » Il ne s'agit pas de la voix off du teaser d'un nouveau blockbuster hollywoodien sur la fin du monde, mais d'extraits de la synthèse du dernier rapport du GIEC (que vous pouvez trouver sur le site ecologie.gouv.fr).

Selon Impact France, une entreprise à impact est une entreprise qui « dédie 100 % de son activité à une mission d'utilité sociale et écologique ». Sont considérées comme poursuivant une utilité sociale les entreprises dont l'objet satisfait au moins à l'une de ces trois conditions : « 1- Elles apportent un soutien à des personnes en situation de fragilité [...], 2- Elles ont pour objectif de contribuer à la lutte contre les exclusions et les inégalités [...], 3- Elles concourent au développement durable [...], à la transition énergétique ou à la solidarité internationale [...] » (loi du 31 juillet 2014 relative à l'ESS). Si, par le passé, travailler dans « l'impact » était réservé à une poignée de courageux convaincus, le marché de l'emploi à impact positif est aujourd'hui très dynamique. Quelle que soit la cause que vous souhaitez défendre, vous trouverez donc chaussure à votre pied[35]. « Avoir un job qui a du sens » ne rime pas forcément avec « avoir un job à impact ». Il y a mille et une autres manières d'avoir de l'impact positif : faire bouger les choses dans son entreprise (monter un réseau de salariés engagés, proposer de nouveaux outils de mesure, organiser des activités autour de l'impact...), lancer un *side project*, faire du bénévolat, etc.

Cela dit, pour certains invités, les notions de *sens* et d'*impact* étaient si étroitement liées qu'elles n'ont fini par faire qu'une. Certains ont entrepris ; d'autres, non. Mais tous ont un point commun : utiliser leur job pour changer le monde, à leur échelle.

35. La plateforme *jobsthatmakesense* permet de rechercher de manière ludique les offres de jobs à impact à travers le monde, notamment via le filtre des dix-sept objectifs de développement rable définis par l'ONU (« pas pauvreté », « faim "zéro" », etc.).

ENTREPRENEURIAT ET HANDICAP

CHAD : de consultant à responsable RH dans une start-up de l'ESS

« J'arrive à définir le sens que je veux trouver dans mon job, je veux sentir concrètement que j'aide et que je suis reconnu pour mes efforts. Je veux me sentir utile, en particulier sous l'angle social. L'ambition ne doit pas être assouvie à n'importe quel prix. Objectifs et aspirations doivent être comblés. Depuis janvier 2022, j'ai rejoint, en tant que responsable RH et financier, une start-up de l'ESS. Notre vocation est d'accompagner et de fournir des services aux travailleurs handicapés souhaitant devenir indépendants. Nous avons développé une structure d'insertion pour accompagner les profils les plus fragiles et les plus éloignés de l'emploi dans la création de leur projet. Nous cherchons à les mettre en relation avec des entreprises souhaitant faire appel à eux comme sous-traitants et souhaitant développer des politiques d'achat responsables. Nous développons également des formations à la croisée du handicap et de l'entrepreneuriat. [...] J'ai rarement eu autant d'énergie à revendre, et je suis passionné. Je défends haut et fort que liberté, écoute et bienveillance sont de formidables leviers de performance pour une entreprise. »

LARVES ET CHAMPIGNONS

ALI : de vice-président d'une banque à fondateur de start-up écoresponsables

« J'ai fait dix-huit pays en un an. Je suis allé voir les gens que j'aimais, j'ai découvert de nouveaux endroits. Puis j'ai eu envie d'aller en Argentine, où il me semblait qu'il y avait plein de défis intéressants à relever. J'y suis arrivé en 2016, sans parler un mot d'espagnol. J'ai rejoint une fondation pour aider les sans-abri et distribuer de la nourriture. J'ai été confronté à une réalité très dure. Avec une autre organisation, je suis allé construire des maisons d'urgence en bois dans les favelas. Et je me suis dit : "J'ai trouvé, et je veux continuer dans cette voie." Je me suis alors inscrit à un master en direction d'ONG, et à un autre master en environnement et développement durable. En 2018, j'ai rencontré mon associé. On a lancé deux start-up : une pour la production de champignons comestibles, et une pour l'élevage de larves afin d'éliminer des déchets organiques, produire de la protéine, et générer du biofertilisant. Quand tu es dans la matrice, tu es *pluggé*, tu te conformes au modèle. Alors oui, les changements sont compliqués, mais si tu ne te jettes pas à l'eau, c'est sûr qu'il ne va rien se passer. On m'a souvent dit : "T'es malade, tu gagnais 20 000 dollars par mois !" Mais comment le travail est devenu le centre de tout ?... Ce que je fais aujourd'hui, je ne le considère pas comme un travail. Je n'ai jamais été aussi heureux de ma vie. C'est un chemin personnel, et un chemin collectif. Je ne suis pas du tout un hippie. »

ADIEU, PLASTIQUE

TARA : de formatrice à éco-aventurière

« En 2019, j'ai quitté mon job et créé le Projet A. : des aventures au service de l'environnement. À l'été 2020, j'ai lancé le projet : j'ai fait la Méditerranée à vélo et en kayak et organisé des ramassages de déchets. On s'est connectés avec la presse, avec une vingtaine d'institutions et plus de cinquante assos. Je naviguais ou pédalais solo du lundi au vendredi. J'ai fait mille kilomètres de côte, à vélo puis en kayak, durant quatre mois. Le vendredi, j'étais reçue par un relais local pour parler de leurs enjeux environnementaux. Et le dimanche, on ramassait les déchets avec les locaux, mais aussi avec des touristes ! Aidés par plus de sept cents personnes, on a ramassé trois tonnes et demie de déchets. Et pourtant, c'était l'été, donc plus "propre"... Tout le plastique jeté à terre dans les pays limitrophes de la mer Méditerranée, avec le vent et les écoulements, finit dans une rivière, puis un fleuve, puis la mer. Et vu qu'elle est fermée, elle reçoit 1,2 tonne de déchets par minute ! Elle représente 1 % des eaux du globe et renferme 7 % du plastique mondial. Elle avait beaucoup plus de faune et de flore, avant... On a reçu pas mal de témoignages de jeunes femmes qui voulaient se lancer dans des aventures. Aujourd'hui, le Projet A 2021 a été repris par un collectif d'aventurières. En parallèle, on a remarqué l'importance de l'enjeu de la pollution dans les fleuves. Du coup, je suis repartie à l'été 2021 : quatre mois et demi à pied, en kayak et à vélo, dont deux mois et demi de descente sur la Loire. Sur 1 200 kilomètres, j'ai retracé le trajet d'une bouteille plastique qui aurait été jetée depuis la source de la Loire. Il y a eu 11 collectes de déchets, au cours desquelles on a ramassé environ 850 kilos. Cette aventure a été consacrée au passage d'une collectivité à une autre. Être éco-aventurière n'est pas un emploi classique. Mais le soutien que l'on reçoit nous motive. On le fait pour la nature, pour nous et pour nos enfants. »

SOUS L'OCÉAAAAAAN

VICKIE : de manager dans le nucléaire à fondatrice d'une solution pour réduire l'impact des entreprises sur l'océan

« Je suis plongeuse, apnéiste. Je suis à l'aise dans l'eau, je peux y rester des heures, rien ne me fait peur. Je suis fascinée par la résilience de l'océan, ce vivier de vie, son potentiel insoupçonné et méconnu, son énergie positive... J'ai créé une solution d'accompagnement pour aider les entreprises à minimiser leur impact sur l'océan. Je me suis formée en tant que consultante agréée au label Ocean Approved auprès de la Fondation de la mer. Ma solution considère l'océan comme un partenaire, et non comme une ressource à exploiter. Ça change tout. L'océan est un incroyable levier. On y puise les principaux actifs de la plupart de nos médicaments, et l'eau, de manière générale, peut soigner beaucoup de maux. Il nous a aussi appris beaucoup sur le fonctionnement des neurones. La pêche industrielle telle qu'elle est principalement réalisée est complètement destructrice. 90 % des télécommunications et du transport maritime passent par les océans et causent d'immenses dégâts. Quand tu regardes une visualisation scientifique d'une zone où le trafic maritime est vraiment fort, la baleine à côté des bateaux est complètement déroutée. De plus en plus de personnes, associations et entreprises s'engagent pour l'océan et sa protection. Mais elles sont en compétition avec l'industrie conventionnelle. Je veux créer un écosystème d'acteurs engagés et respectueux des fonds marins. Le tournant qui doit s'opérer va passer par les lois, les collectivités, les lobbies, les particuliers et les entreprises. Sous l'eau, il suffit souvent de ne rien faire pour que la vie reprenne le dessus. On a besoin de belles histoires, d'optimisme. Je pense que l'océan recèle de ces histoires qui ne demandent qu'à être écrites. »

MÉDIA SPORTIF ET SOCIAL

DANIEL : de directeur dans l'industrie à fondateur d'un média sportif et social

« À 27 ans, un déclic a eu lieu. Mes ambitions avaient besoin d'être enveloppées de sens : j'ai compris qu'à un certain moment de ma vie il fallait faire quelque chose qui puisse avoir un sens pour la société et qui puisse accompagner le collectif. En 2017, je me suis découvert une passion pour l'alpinisme. J'ai fait plusieurs treks, de la cascade de glace, et j'ai grimpé le mont Blanc, le Kilimandjaro et plusieurs autres sommets d'envergure. Mon pays d'origine, le Maroc, a un massif de 3 000 m. Mais les locaux ne connaissaient qu'un sommet sur les trois... Par ailleurs, c'était un club alpin français qui faisait la communication pour l'alpinisme marocain auprès d'étrangers. J'ai remarqué que certaines personnes ayant des métiers de la montagne étaient marginalisées, parce qu'elles étaient dépourvues de moyens pour développer leurs compétences. J'ai aussi remarqué que ce déficit de communication ne concernait pas que les métiers de la montagne..., mais presque tous les métiers sportifs (hors foot, ou équivalent) ! Et la conséquence directe de ça, c'était une fuite des talents sportifs marocains vers l'étranger. Fin 2018, j'ai décidé de trouver un job qui ait du sens. J'ai donc décidé de créer un média qui valorise les métiers de la montagne. J'ai trouvé des associés, un financement, et j'ai annoncé à ma boîte que j'allais les quitter pour... développer le sport au Maroc ! J'ai créé mon média. J'aime dire que c'est le *Konbini* ou le *Brut* du sport : du *brand content*, de *l'advertising*, et de la création de contenu sponsorisé par des marques. D'un autre côté, j'ai aussi créé une agence de conseil en communication pour les organisations sportives marocaines. »

CONSOMMATION RESPONSABLE

JEAN : de nanochimiste à fondateur d'une plateforme de consommation responsable

« Je prévoyais de monter un projet "à impact" qui ait du sens. Mais quel sens, au juste ? Ça, j'ai pris du temps pour y réfléchir. Je me suis demandé : "Quelles sont mes valeurs, qu'est-ce qui est important pour moi ?" C'est venu presque naturellement. J'ai appris que j'allais être père de jumeaux. Ma perspective sur la vie et mes priorités ont changé ! Avec ma femme, on a changé de façon de consommer. On s'est dit : "Quel exemple on veut leur donner ?" La réponse, c'était quelque chose de plus engagé, de plus responsable. On s'est rendu compte qu'on avait du mal à trouver des produits sains et responsables. Mais c'est au moment où j'ai arrêté de travailler que notre budget a explosé à cause de notre consommation de produits bio... Pas l'idéal. Je suis donc parti d'une frustration personnelle pour créer mon projet. Je me suis dit : "Si j'ai ces problèmes, je ne suis sûrement pas le seul." Avec ma femme, nous avons alors créé une plateforme de consommation responsable. L'ambition est de permettre à chacun de consommer de façon plus saine, tout en respectant la planète. Sur notre site de e-commerce, on sélectionne les meilleurs produits sains et engagés, en analysant leur composition, notamment en additifs et en conservateurs, pour qu'ils soient les meilleurs possible ! Mais surtout, une adhésion à la plateforme permet d'accéder à tout le catalogue à des prix avantageux, jusqu'à -50 %... Car, aujourd'hui, il y a trop de personnes qui n'ont pas accès à ces produits parce qu'ils n'en ont tout simplement pas les moyens ! Notre ambition, c'est donc de permettre à tous d'accéder à des produits de qualité. Il n'y a pas une seule fois où je me lève en regrettant ce que je fais. »

— Chapitre 2 —

TRAVAILLER AVEC ET POUR LES FEMMES

1907 : les femmes mariées peuvent disposer librement de leur salaire.

1909 : les femmes ont droit à un congé maternité.

1946 : le « salaire féminin » est supprimé.

1965 : les femmes peuvent travailler sans l'accord de leur mari et ouvrir un compte bancaire.

1983 : la loi Roudy marque la fin théorique de la discrimination à l'embauche et sur les salaires.

1992 : le harcèlement sexuel est ajouté au Code du travail.

Au cours du XXe siècle, la situation des femmes au travail a connu des progrès considérables. Mais...

D'après le baromètre Infogreffe sur l'entrepreneuriat au féminin, un peu plus d'un tiers des dirigeants ayant immatriculé leur entreprise en 2022 sont des femmes. Elles entreprennent toujours majoritairement dans certains secteurs : habillement, fabrication de textiles et services personnels... En outre, d'après une étude Addie (2022), elles font face à des obstacles qui leurs sont propres : l'accès au financement (elles ont deux fois plus de risques que les hommes de se voir refuser un prêt), l'articulation des temps de vie (la charge familiale leur incombant toujours essentiellement), le syndrome de l'imposteur, le manque de soutien de l'entourage, le sexisme...
Ces inégalités sont complexes, et leur liste est longue.

Côté salariat, la situation n'est pas plus réjouissante. D'après une étude de l'Insee (2023), à temps de travail identique, le salaire des femmes est inférieur de 15 % à celui des hommes. Les femmes accèdent moins aux postes les plus rémunérateurs. Les écarts de revenus salariaux sont encore plus marqués entre parents : les mères ont des salaires nettement inférieurs à ceux des pères, et ces écarts augmentent avec le nombre d'enfants. Les femmes sont aussi plus souvent discriminées, harcelées, victimes de violences... Ayant subi ou été témoins de discrimination, certaines invitées ont décidé de faire de l'aide des femmes leur combat.

P-S : Vous êtes un homme ? Rien ne vous empêche d'en faire votre combat aussi !

— OLYMPE DE GOUGES,
***Femme, réveille-toi !*[36]**

Les contributions de la femme et de l'homme sont égales ; elle prend part à toutes les corvées, à toutes les tâches pénibles ; elle doit donc avoir de même part à la distribution des places, des emplois, des charges, des dignités et de l'industrie.

— MONA CHOLLET, *Sorcières*[37]

Refuser de vous sacrifier, ou vouloir poursuivre vos propres buts, vous attire une réprobation immédiate. Si votre rébellion intervient dans le cadre professionnel, on vous accusera d'être prétentieuse, individualiste, carriériste, d'avoir la grosse tête.

— FIONA SCHMIDT, *Lâchez-nous l'utérus !*[38]

Aux parents d'apprendre à leurs filles qu'elles naissent complètes et suffisantes, que leur avenir dépend d'abord d'elles-mêmes et pas d'un homme, que la maternité est une option mais pas une condition de la féminité.

— GISÈLE HALIMI, *Une farouche liberté*[39]

Soyez égoïstes ! [...] Les femmes ont trop souvent le sentiment que leur bien-être doit passer après celui des autres, les parents, les enfants [...]. Elles craignent de s'imposer, d'exiger, de révéler leurs envies ou ambitions, de se mettre clairement en avant.

---

36. Olympe de Gouges, « Femme, réveille-toi ! » : Déclaration des droits de la femme et de la citoyenne, Folio, Paris, 2014.
37. Mona Chollet, *Sorcières : la puissance invaincue des femmes*, Zones, Paris, 2018.
38. Fiona Schmidt, *Lâchez-nous l'utérus ! En finir avec la charge maternelle*, Marabout, Paris, 2021.
39. Gisèle Halimi, *Une farouche liberté*, Grasset, Paris, 2020.

CLUB FÉMININ

MAYA : d'ingénieure d'affaires à fondatrice d'un club féminin

« J'ai créé mon club féminin. J'étais dans une crise de sens. C'était viscéral, j'avais besoin de créer quelque chose qui rassemble des valeurs qui m'étaient chères. En 2018, j'ai créé un événement : "Rencontre entre femmes ambitieuses et bienveillantes, et qui se posent des questions sur comment développer leur carrière sans sacrifier leur développement personnel." Une semaine après, j'ai voulu faire machine arrière et le supprimer, mais des personnes s'étaient inscrites. Du coup, il a eu lieu : on était cinq. J'ai adoré parler à des femmes que je ne connaissais pas sur des sujets qui nous touchaient ! Je vois bien que des discussions sont plus faciles à avoir entre femmes : l'inégalité salariale, quelle place prendre dans la société... Il y a, certes, des problèmes structurels, mais il y a aussi des plafonds de verre qu'on s'impose à nous-mêmes en tant que femmes : comment en prendre conscience, et les déconstruire ? L'ambition a tellement de visages ! Qui ai-je envie d'être ? Qu'est-ce que j'ai envie de faire ? J'ai fait un événement par mois : au début, des *afterworks*-débats sur, par exemple, "La peur et comment la dépasser". Puis j'ai invité des experts de la négociation salariale, du rapport à l'argent, du *personal branding*... On vivait des moments super cools, mais souvent il ne restait aucune trace de nos ateliers, *afterworks* et conférences. Du coup, j'ai créé un podcast pour remédier à ce problème. Et en 2021, j'ai décidé de lancer un talk-show. Je réunis des femmes de tous horizons, de toutes origines, mamans ou non, de 19 à 44 ans... Je me suis dit : "Je rencontre des femmes qui me donnent des leçons de vie incroyables, et il y a mille parcours extraordinaires que je veux mettre en avant, plutôt que de continuer à me plaindre de la sous-représentation de certains types de femmes dans les médias classiques." On va faire un épisode par mois, ponctué d'interviews d'intervenantes entre les épisodes. »

COACHING PAR ET POUR DES FEMMES

LAURA : d'hôtesse de l'air à coach

« Mon programme est destiné aux femmes ambitieuses et courageuses qui veulent quitter le salariat pour créer leur boîte (ou développer un projet qui leur tient à cœur), ou qui se cherchent encore et qui aimeraient trouver une voie qui les fasse vibrer. Je les accompagne dans la quête de leur voie, du "job de leurs rêves". C'est le programme que j'aurais rêvé de suivre quand moi-même je me suis reconvertie. Je les aide à devenir reines de leur destin en trois étapes. Premièrement : développer sa vision en se reconnectant à ses rêves, ses valeurs, ses talents. Deuxièmement : faire briller son aura en travaillant une posture confiante et charismatique. Troisièmement : établir un plan précis qui mène vers l'épanouissement, sans se sacrifier personnellement, et en y incluant le relâchement et le plaisir. Dans ma vie, il y a eu plein de hauts et de bas. Mais aujourd'hui, je n'ai plus de problèmes. Ce que j'apprends à mes coachées, c'est qu'on a tous cette force, cette résilience. Même quand tu es au fond du trou, tu peux y arriver. Il faut de la volonté. C'est confortable de dire : "Pauvre de moi !". Mais si tu dois mourir demain, qui veux-tu être ? Donne-toi les moyens d'y arriver. Et si tu te plantes, tant mieux. Car quand tu te plantes, tu apprends. »

BLOG POUR MAMANS

GINA : d'ingénieure à blogueuse pour mamans

« J'ai eu mes enfants, et je me suis lancée dans le blogging. Et, au fil des années, je me suis passionnée : j'ai commencé à me renseigner sur le référencement, la com, etc. Je gérais tout. Il y avait une petite étincelle. J'aimais vraiment ça. J'ai même commencé à monétiser un peu. Puis, en 2019, ça a commencé à bien marcher. Mais, malgré des revenus naissants, j'avais peur que ça ne dure pas. Ce n'était jamais le bon moment pour me lancer réellement... Je me mettais plein de barrières. [...] De l'automne 2019 à début 2020, j'ai transféré le blog sur la plateforme WordPress. Et je me suis mise à chercher des idées pour un business viable. J'aime rendre service, ou quand quelqu'un me dit : "C'est utile !" Un organisme de formations en ligne m'avait contactée pour me former sur le marketing et pour avoir une communauté. J'avais beaucoup de trafic, mais trop peu de gens restaient... J'ai donc commencé cette formation en septembre. C'était super ! Il y avait aussi une partie coaching. Il en est sorti que ce que je veux, au-delà du blogging, c'est partager l'expérience que j'ai vécue, aider les autres femmes dans mon cas qui n'osent pas se lancer. Quand on devient mère, parfois, on a le faux sentiment que l'on "ne peut pas faire n'importe quoi". On s'enferme, et on n'ose pas. Et ce n'est pas bon. Quand je vois mes anciennes collègues qui, à 50 ans, attendent la retraite alors qu'il leur reste quinze ans au moins, je trouve que c'est très dommage. Depuis fin septembre 2020, j'ai d'ailleurs commencé à écrire des articles sur mon expérience. Je me dis que, plus tard, je pourrai peut-être faire du coaching... J'ai envie d'aider ces mamans, de leur dire que tout est possible. »

ACCÉLÉRATEUR DE VISIBILITÉ *FOR WOMEN ONLY*

JOSÉPHINE : de cheffe de projet dans l'événementiel à coach

« Je savais que je voulais travailler avec des femmes entrepreneures, c'est un de mes centres d'intérêt. Du coup, je voulais lancer une entreprise, certes, mais qui réponde vraiment à un besoin de cette cible-là. En mars 2020, j'ai donc lancé un sondage auprès des femmes entrepreneures : ce qui est ressorti, c'est qu'elles avaient besoin d'avoir une présence digitale, de se rendre visibles. Et le réseau social sur lequel elles voulaient se lancer, c'était Instagram. Suite à ça, j'ai donc décidé de lancer mon agence de com, et plus précisément : mon "Accélérateur de visibilité". Je suis passée de "ça fait dix ans que je suis senior dans l'événementiel" à "je suis coach Instagram business", alors que je ne connaissais à l'époque que très peu les réseaux sociaux ! Depuis l'été 2020, je suis officiellement indépendante. Pendant un an, j'ai développé une communauté, fait en sorte qu'elle commence à me connaître, qu'elle me fasse confiance... J'aime aussi ma liberté : géographique, créative, bosser avec qui j'ai envie... Avant un coaching, je contacte la personne, je vois s'il y a un feeling. Je module mon emploi du temps comme je le veux. C'est trop bien. Je fais aussi du développement personnel. Ce que j'adore aujourd'hui, c'est que je mêle *mindset*, plan d'action, tout en valorisant l'authenticité de mes clientes. Je suis à 3 000 % alignée. Je me sens utile. »

MODE FÉMININE ÉTHIQUE

ELVIE : d'assistante de direction artistique dans le luxe à fondatrice d'une marque de mode éthique

« Depuis que j'ai 16 ans, je veux rendre visibles les gens qui créent les vêtements, et faire de la mode éthique. J'ai alors découvert une association qui cherchait des bénévoles pour aller au Népal aider une petite entreprise de laine bouillie. En 2017, j'ai démissionné, et je suis partie à Katmandou. J'ai changé de vie du tout au tout : courir pour tenir le rythme d'une *fast life* dans la mode, à vivre cinq mois avec une famille de Népalais plutôt défavorisés. L'entreprise était gérée par un Népalais de mon âge, avec qui on dessinait des modèles. J'ai essayé de comprendre l'univers de la mode écoresponsable, comprendre comment je pourrais créer une marque de mode éthique... Je suis rentrée avec une petite collection de bijoux, de sacs, de vêtements... J'ai créé ma marque et j'ai revendu la collection. Le concept : "Un voyage, une collection, une donation." Le but : faire un voyage avec mes patronages, et, à partir des rencontres et inspirations, créer ma collection de vêtements élégants, confortables, durables dans le temps, faciles à entretenir, et qui mettent la culture en avant. Les conditions de travail et les matières sont importantes (surcyclage, coton bio, fin de stock...). Puis je vends la collection en pop-up stores[40], en ventes éphémères, ou tout simplement via mon site. Je mets ensuite une somme de côté, que j'utilise lors de mon voyage suivant pour faire une donation à une femme dans le besoin. En 2018, je suis allée au Népal deux mois avec mes patronages, et j'ai créé 150 pièces. Puis en 2019, je suis allée en Inde deux mois, et j'ai créé 550 pièces. Et, grâce à la vente de la collection népalaise, j'ai offert une machine à coudre et du matériel scolaire à une jeune fille vivant dans un bidonville. En 2021, compte tenu de la crise sanitaire, j'ai créé une collection en France. Et à l'automne 2021, je suis allée au Maroc. Ma marque, c'est avant tout une expérience humaine. »

40. Les pop-up stores sont des boutiques éphémères. Elles s'installent dans un local, comme des boutiques classiques, mais disparaissent peu de temps après.

— Chapitre 3 —
CARNETS DE VOYAGE

La *Beat Generation* est un mouvement littéraire et artistique né dans les années 1950 aux États-Unis. C'est une contre-culture contestataire dont les auteurs Allen Ginsberg, William S. Burroughs et Jack Kerouac forment le noyau dur. Ils proposent une vision nouvelle de l'existence, loin des conventions et du cauchemar climatisé américain. En quête de réponses à leurs questionnements existentiels, ils entament un long périple à travers l'Amérique du Sud, l'Europe, l'Afrique du Nord et l'Orient. C'est lors de ce voyage, en 1957, que Kerouac rédige le célébrissime *On the Road* (en français : « Sur la route »).

Le voyage, s'il ne consiste pas à rester enfermé dans l'enceinte d'un Club Med ou à faire un tour du monde en jet privé ou en yacht, est une formidable manière de s'ouvrir au monde : il nous permet de développer notre adaptabilité et notre curiosité, de bousculer nos points de vue ancrés et poussiéreux, de découvrir de nouvelles cultures, de rencontrer des personnes d'horizons variés, etc. S'il est durable et lointain, il peut même nous pousser à quitter notre zone de confort, à nous défier, à puiser dans nos ressources, à surmonter nos peurs, etc. Autant de situations desquelles nous sortons grandis, enrichis, plus confiants. Pour autant, nul besoin d'exploser votre budget (et votre empreinte carbone) et de visiter dix pays en cinq mois pour tirer tous les bienfaits du voyage. Tant qu'il vous libère de vos habitudes routinières et de vos contraintes, il peut constituer la bouffée d'oxygène, le remède ou la source d'inspiration dont vous avez besoin.

J'ai écrit ce livre depuis les quatre coins de la France... et du monde : à la National Library de Singapour, sur une plage à Koh Phi Phi, dans un bus de nuit dans le Yucatán, dans des cafés à Kuala Lumpur, Bangkok ou Mexico City, dans des hôtels à Rome, Londres ou New York, sur des chaises métalliques dans les aéroports de Madrid, Copenhague ou Houston... *Je démissionne, bisous,* c'est un peu mon carnet de voyage. En guise d'au revoir, je vous livre donc ceux de mes invités... et vous souhaite le plus merveilleux des voyages.

SURF TRIP AU MEXIQUE

AMIR : de manager au sein d'un Big Four à slasheur guide touristique/coach

« J'ai pris trois mois de pause entre la fin de mon ancien job et le début de ce nouveau job. J'ai beaucoup voyagé. Au moment de réserver mon dernier séjour, j'ai eu un flash de moi sur une planche de surf, au soleil. Je me suis dit : "C'est le moment. Je prends des cours de surf le matin, et l'après-midi, j'apprends une nouvelle langue."Après avoir vu passer des offres au Maghreb, au Sri Lanka, j'ai fini par trouver le pack de rêve à Puerto Escondido, au Mexique. C'était la première fois que je voyageais seul. Je voulais une routine et peu d'interactions sociales : surf le matin, poisson grillé le midi, cours d'espagnol l'aprèm, footing et lecture le soir, et longues nuits réparatrices. J'ai senti que, jour après jour, je me reconnectais à mon corps... Je suis revenu à Paris métamorphosé. Et là, j'ai vécu la semaine la plus folle de ma vie. Le mardi, j'ai quitté ma copine, avec qui ça n'allait plus. Le vendredi, j'ai appelé mon nouveau job pour leur dire que j'annulais tout. Je me suis dit : "C'est fini, je vis pour moi." J'ai switché d'un Amir peureux de l'inconnu, à un Amir que l'inconnu fait sentir vivant. Mon côté *control freak* n'était en fait qu'une carapace construite dans ce "système"... Et j'ai réservé un billet d'avion direction Puerto. J'y vis depuis quatre ans, et ne compte pas en partir. »

SUR LES TRACES DE TOLKIEN

JADE : de cheffe de projet en marketing à dessinatrice

« Je suis partie six mois en Nouvelle-Zélande. Ça a été une expérience incroyable. Là-bas, j'ai pu prendre du recul sur mon projet artistique, et j'ai tout noté dans un carnet. J'ai alors commencé à écrire une histoire, à imaginer un univers autour de mes illustrations, en leur donnant une personnalité, des parcours. Je ne voulais pas seulement quelque chose de joli, je voulais aussi que mes illustrations aient du sens. En plus, c'est en Nouvelle-Zélande qu'a été écrit *Le Seigneur des anneaux*. Du coup, j'étais hyper inspirée. »

RETRAITES SPIRITUELLES À BALI

JUNE : de cheffe de projet dans l'énergie à coach

« J'ai fait un voyage à Bali. Je suis allée prier avec un guide dans un temple. J'ai eu un déclic, les pores de ma peau se sont ouverts, et j'ai explosé en larmes. Le guide m'a dit : "Tu as un truc avec le spirituel." »

ALI : de vice-président d'une banque à fondateur de start-up écoresponsables

« Je suis parti en retraite silencieuse à Bali dix jours, sans technologie. En méditant, je me suis visualisé enfant me disant : "Change de chemin." Et j'ai senti qu'un poids s'était libéré de mes épaules... J'avais emprunté le chemin de la fête, puis celui de la société de consommation. Je ne savais pas quel était mon nouveau chemin... Mais j'ai démissionné, et j'ai annulé mon mariage. »

STAGES DE YOGA EN INDE

JOËL : de chargé de clientèle à formateur en entreprise

« Je pars un mois en stage en Inde. J'avais hésité à partir, vu que c'était le mois où je devais fêter mes 30 ans, mais je me suis dit : *"Let's go !"* Les trois premiers jours, je me suis demandé ce que je faisais là. Mais l'univers était si bienveillant que c'est vite devenu le plus beau voyage de toute ma vie. Le jour de mon anniversaire, les autres stagiaires ont fait un cercle autour de moi, et chacun me disait une phrase gentille sur moi, ou un souvenir. J'en ai pleuré ! Quand j'ai eu mon diplôme, j'ai encore pleuré. Ce fut une explosion d'émotions. »

INÈS : de cheffe de projet dans le luxe à prof de yoga

« J'ai fait un mois de formation hyper intensive à Goa, le berceau du yoga. Dans le quotidien de la formation, j'étais loin de mon portable. Je l'utilisais une à deux fois par semaine max. J'étais dans une bulle, coupée des infos du monde et de mes proches. J'étais avec des gens qui venaient des quatre coins du monde. On venait tous pour la même chose, tout le monde s'entendait bien, les gens étaient gentils et ouverts d'esprit. Je me suis sentie pleinement moi-même, personne ne me jugeait. Je me levais à 7 heures, on avait trente minutes de méditation et on enchaînait sur une heure et demie de pratique. Ensuite, on avait un petit-déj. Puis on avait deux heures de théorie (histoire du yoga, anatomie, "asana clinique" où l'on apprenait à enseigner les positions avec les bons alignements). L'après-midi, on avait deux heures de théorie et une heure et demie de pratique. La seule pause de la semaine était le dimanche après-midi. Psychologiquement, c'était très intense. Tu vas chercher au plus profond de toi-même. Ça fait ressortir beaucoup de choses. Et physiquement aussi, parce qu'on faisait trois heures de yoga par jour. »

TOURS DE FRANCE

LOÏC : de directeur dans le conseil sportif à coach en orientation pour adolescents

« À l'été 2019, j'ai fait un tour de France à vélo avec ma compagne. On a pédalé pendant trois mois, et on a réalisé pas mal de choses. L'avantage du vélo, c'est que tu rencontres des gens, tu laisses des choses derrière toi... Pédaler, c'était comme avancer. J'en avais besoin. Quand on est revenus, on a décidé de quitter Paris et de partir vivre dans le Limousin. »

SACHA : de manager en start-up à ébéniste

« Été 2019 : je réfléchis, je roule, je surfe, je fais du kite. Un pote aux US a acheté un bateau. Il m'a proposé de retaper le bateau ensemble pendant six jours et de faire une croisière. On a navigué un mois dans les Caraïbes. Un élément de ma *bucket list* était : faire toute la côte française à pied. À l'été 2020, je me suis lancé. Je dormais chez l'habitant, ou faisais du camping sauvage. J'étais en transition, j'avais besoin de réfléchir. Tu es seul... et donc obligé de faire face à tes démons. Avec cette marche, j'ai compris tout l'intérêt d'un pèlerinage. Tout le monde devrait en faire au moins un dans sa vie ! Aujourd'hui, j'ai quitté Paris et j'habite au bord de la mer. »

TOURS DU MONDE

LYS : de cheffe de projet en communication à *digital nomad*

« Je suis partie pour un *surf trip*. Je n'ai rien programmé, j'ai pris juste un aller simple. J'ai bougé de pays en pays, le but étant de me poser un ou deux mois à chaque endroit. Je suis allée à Bali, à Lombok... Et c'est là que j'ai appris à surfer ! J'y suis restée trois mois. Aux Philippines, j'ai fait deux îles. J'ai aussi fait la Birmanie : un coup de cœur, une claque. J'ai retrouvé la sincérité dans le regard et le sourire des gens. J'ai enchaîné sur le Sri Lanka. Tous les jours, j'étais habillée en maillot de bain, en short T-shirt, sans maquillage. Même si le monde du surf n'est pas si glorieux et cool, et qu'il peut être hyper agressif et macho, tu as cette liberté d'être sur ta planche, dans l'eau... Et tu as ce côté "humble" face au set de vagues. Tu dois t'en sortir, tu dois *rider*. Parfois, tu es face à une vague beaucoup trop grosse pour toi. Tu te dis : "Je suis rien, juste une petite personne sur l'eau." Et la sensation est magnifique. En mai 2020, un ami et moi avons organisé un trip en 4L pour monter au Cap Nord. On a fait toute la Scandinavie ! On a redécouvert la nature. Les Scandinaves partent du principe que la nature appartient à tous, mais qu'il faut la respecter. En Suède, on faisait un canoë trip de trois jours, et je reçois un message des Alumnis de ma formation en stratégie digitale : "Ouverture d'une formation de deux mois à Paris en SEO." J'ai passé mon entretien au beau milieu d'un lac immense... À l'heure actuelle, je n'ai pas d'appart ni d'adresse fixe, et ça me va bien. Ça m'apporte une énorme liberté dans ma recherche d'emploi et dans ma vie. Mais ça ne veut pas dire zéro obligation. Ce n'est pas parce que tu es sous le soleil et que tu surfes que tu n'as pas de galères ! C'est juste que, quand tu es "libre", c'est à toi de t'imposer tes propres obligations. »

THÉO : **de commercial au sein d'un cabinet de conseil à fondateur d'un podcast sur l'écologie**

« Il y a un vrai manque de connaissance sur l'écologie, ses enjeux et les solutions. Ce qui ne permet pas aux gens d'agir facilement. Même malgré mon envie d'en savoir plus, je trouvais cela difficile de trouver du contenu qui t'éduque et te permette de mieux comprendre ces sujets. C'est comme ça que l'idée du podcast sur l'écologie et l'entrepreneuriat m'est apparue. En parallèle, avec ma copine, on voulait faire un tour du monde depuis quelque temps. Du coup, en septembre 2020, j'ai démissionné. Et, un mois plus tard, on est partis. Mon objectif : faire découvrir les initiatives qui changent le monde à l'étranger, et notamment dans les pays en voie de développement, où le dérèglement climatique est beaucoup plus visible. Toutes les deux semaines, je mets un nouvel épisode en ligne : mes invité·e·s, francophones, nous éduquent sur des sujets écologiques et nous montrent qu'on peut agir à notre échelle. On rencontre une ou deux personnes minimum par pays. On est allés au Brésil, où il y a une énorme déforestation, en Bolivie, en Colombie, au Costa Rica, en Équateur... Au Brésil, j'ai rencontré une personne qui a un logiciel qui réduit les feux de forêt. Au Costa Rica, deux personnes engagées dans la protection de la biodiversité : l'une du quetzal, un magnifique oiseau en voie de disparition, et l'autre du tapir, un mammifère... On a aussi fait une semaine de volontariat en Équateur dans un refuge pour singes. Toutes ces expériences me permettent de rester positif, et de comprendre que, si on va tous dans le même sens, ça ira... Je continuerai mon podcast aussi longtemps que des personnes voudront que je les interviewe. Il y a toujours des sujets à aborder et à comprendre. Un tas de gens ne sont pas conscients des enjeux, donc je ne m'arrêterai pas là ! Après l'Amérique, on va aller au Moyen-Orient et en Afrique. Gagner sa vie avec un podcast, c'est très rare. Les personnes qui y arrivent sont là depuis quelques années. Du coup, j'ai décidé de m'expatrier à Madagascar et de trouver un job dans l'impact ! Et, à long terme, c'est sûr que je veux monter ma propre structure. »

EXPATRIATIONS

NOAH : de chef de projet dans la musique à organisateur d'événements

« À mes 30 ans, j'ai eu un déclic. Je me suis dit : "Le CDI, c'est trop facile." Le lendemain de mon anniversaire, j'ai démissionné. J'ai rejoint mon père, à Bangkok. Il m'a donné l'idée de créer un site répertoriant les événements culturels et artistiques de Bangkok. Pendant un an, j'ai réfléchi à ce site, je me suis renseigné sur les permis de travail, sur le prix de la vie, sur mon envie de m'expatrier à Bangkok... Et j'ai sauté le pas. J'ai développé mon site : c'est un calendrier des événements culturels et artistiques de Bangkok. Il y a aussi une partie blog où on interviewe les gens de la communauté culturelle. J'ai rencontré plein de monde ! Je fais aussi du marketing artistique : j'aide n'importe quelle entreprise, magazine ou individu à utiliser l'art en tant qu'outil marketing. Par exemple, je vends des expos d'art à des restos, des playlists à des restos ou sites... Je suis aussi copropriétaire d'un bar ici, le Last Drop. Je m'occupe des événements et du marketing. Mon rêve, c'est d'organiser des événements et de faire briller les artistes, de mélanger les gens. Grâce au site, j'ai pu développer un réseau très intéressant. Du coup, j'organise mon premier petit festival pluridisciplinaire à Bangkok fin juin : il y aura cinq cents personnes ! Et là, je réécris le business plan pour faire un truc plus gros, avec huit salariés. Mais s'installer en Thaïlande, ça n'est pas facile. Les Thaïs ne rendent pas la chose facile aux étrangers. Le business, les négociations..., ce n'est pas comme en France. Et donc, être chef d'entreprise, c'est pas facile non plus. En plus, je ne gagne pas d'argent depuis que je suis ici..., et mes économies commencent à bien descendre ! Mais j'y crois, je cherche à récolter cent mille euros pour envoyer du pâté ! »

AXEL : de chargé de com dans un musée à fondateur d'une agence de com

« On a décidé de s'expatrier. Je n'étais allée à La Réunion qu'une fois enfant, et mon mari, jamais ! Mais on s'est dit : "On rêve de partir à l'étranger, mais La Réunion nous permet d'être dépaysés tout en restant en France – un plus avec nos enfants !" On a vendu notre appart, et on a fait rentrer trente-trois ans de vie dans une voiture. On voulait vivre mieux, mais avec moins... Se débarrasser du matériel a été beaucoup plus facile qu'on ne pensait. Et on a pris un aller simple pour La Réunion ! Ici, et c'est unanime, c'est un endroit incroyable pour faire grandir ses enfants. La faune et la flore sont magnifiques, on est à trente minutes du plus beau lagon de l'île, à trente minutes de la montagne... En plus, toutes les religions cohabitent harmonieusement. Contrairement à la métropole où la tension est palpable, il y a ici une vraie tolérance... Mes parents pensent qu'on est fous d'avoir fait ce choix alors qu'on est parents. Mais on a remis en question notre vie, nos priorités, notre manière de travailler. On n'a pas envie de faire grandir nos enfants dans une grande ville anxiogène ! »

Bibliographie

Dans l'ordre dans lequel ils sont cités :

Thomas Coutrot, Coralie Perez, *Redonner du sens au travail : une aspiration révolutionnaire*, Seuil, Paris, 2022.

Jean-Laurent Cassely, *La Révolte des premiers de la classe : changer sa vie, la dernière utopie*, Arkhê, Paris, 2022.

Nicolas Bouzou, Julia de Funès, *La Comédie (in)humaine*, L'Observatoire, Paris, 2018.

David Graeber, *Bullshit Jobs*, Les Liens qui libèrent, Paris, 2018.

Tom Hodgkinson, *L'Art d'être libre : dans un monde absurde*, Les Liens qui libèrent, Paris, 2017.

Elizabeth Gilbert, *Comme par magie : vivre sa créativité sans la craindre*, Calmann-Lévy, Paris, 2016.

Tara Swart, *La Source : ouvrez votre esprit, changez votre vie*, Leduc, Paris, 2019.

Héctor García, Francesc Miralles, *La Méthode Ikigai : découvrez votre mission de vie*, Solar, Paris, 2018.

Alexis Botaya, Corentin Orsini, *Créez le job de vos rêves et la vie qui va avec*, La Martinière, Paris, 2016.

Matthieu Dardaillon, Joséphine Bouchez, *Tu fais quoi dans la vie ?*, Alisio, Paris, 2021.

Lise Bourbeau, *Les 5 Blessures qui empêchent d'être soi-même*, Pocket, Paris, 2013.

Olympe de Gouges, *« Femme, réveille-toi ! » : Déclaration des droits de la femme et de la citoyenne*, Folio, Paris, 2014.

Mona Chollet, *Sorcières : la puissance des femmes*, Zones, Paris, 2018.

Fiona Schmidt, *Lâchez-nous l'utérus ! En finir avec la charge maternelle*, Marabout, Paris, 2021.

Gisèle Halimi, *Une farouche liberté*, Grasset, Paris, 2020.

Remerciements

AVANT DE CLORE CET OUVRAGE, JE SOUHAITE REMERCIER DU FOND DU CŒUR TOUTES CELLES ET TOUS CEUX QUI, DE PRÈS OU DE LOIN, ONT PERMIS À CE PROJET DE PRENDRE VIE.

Merci à mes parents, Nasreddine et Soumeya, pour leur amour inconditionnel, la vie merveilleuse qu'ils me permettent de vivre, et leur immense courage sans lequel je n'aurais pas eu le luxe de m'interroger autant sur moi-même et sur le monde.

Merci à mes grandes sœurs, Mouna et Houda, pour leur soutien dans tous mes projets, leurs précieux conseils, et l'envie qu'elles ont fait naître en moi, dès mon plus jeune âge, de donner le meilleur de moi-même, et surtout d'être moi-même. Merci à mes merveilleux beaux-frères, Guillaume et Arnaud, pour leur soutien non moins crucial, et tant que nous sommes dans l'ambiance famille, merci à mes monstres d'amour de neveux et nièces d'exister, tout simplement.

Merci à toutes les personnes de la maison Améthyste, que je connais ou que je connais moins, qui ont permis à ce projet de passer du rêve à la réalité. En particulier, merci à Sandrine pour la confiance qu'elle a choisi de placer en la toute jeune autrice que je suis. Merci à Éloïse, mon éditrice, pour ses retours fins et pertinents, sa bonne humeur, son humour et sa profonde bienveillance. Merci à Emmà, la graphiste, pour cet ouvrage coloré et joyeux. Merci à Walter, le correcteur, pour sa relecture minutieuse et ses retours charmants. Et merci à Florence, la responsable commerciale, communication et marketing, avec qui je n'ai pas encore travaillé à l'heure où j'écris ces lignes, mais qui, en un appel, a déjà gagné toute ma confiance.

Merci à mes invité·e·s pour leur temps, leur confiance et la mine d'or d'enseignements qu'ils m'ont transmise et que je peux transmettre à mon tour. Merci à mes abonnés pour leurs remerciements, leurs encouragements et leur soutien indéfectible et sans lequel *I quit, thanks* n'aurait jamais pu exister.

Merci à Siham Jibril, rédactrice de la préface, pour nos fabuleux souvenirs d'enfance, pour l'inspiration que je puise dans son parcours entrepreneurial et les puissantes valeurs qu'il incarne, et pour le courage qu'elle m'a donné de me confier à vous et de m'approprier davantage mon ouvrage.

Merci à mes amis pour leur présence indéfectible, pour les moments magiques qui ont illuminé mes périodes professionnelles les plus sombres, et pour n'avoir jamais cessé de croire en moi, même alors que je pensais être condamnée à une carrière d'errance et de chaos.

Enfin, merci à mes quelques managers toxiques de m'avoir mené la vie dure et permis ainsi d'en apprendre tant sur moi. Merci pour votre désintérêt envers mon bien-être, qui a nourri l'intérêt immense que je lui porte aujourd'hui. Merci de m'avoir permis de devenir libre et d'aider d'autres personnes à le devenir. Je vous souhaite de devenir libres, vous aussi.

P-S : Et si vous aussi, vous décidiez de dire « Je démissionne, bisous » ?